微信营销实战技法全书

一本书读懂微信赚钱的运营模式

孟祥莉◎主编

中国纺织出版社

内 容 提 要

本书详细讲解了微信赚钱的方法和技巧，包括微信营销的趋势、微信营销的优势、微信公众平台的运营策略、建立微信营销平台的技巧、微信营销的发掘客户的技巧、微信功能的营销策略、微信营销的模式、微信推广的营销策略、不同行业的微信营销策略、微信营销经典案例分析、微信营销的误区、微信营销效果的评估等内容。本书既适用于对微信营销不甚了解的新使用者，也适用于有一定操作经验的使用者。只要使用者参考本书的微信应用精髓且适时地运用，就能收到理想的效果。

图书在版编目（CIP）数据

微信营销实战技法全书 / 孟祥莉主编 . -- 北京：中国纺织出版社，2017. 7 （2020.1重印）

ISBN 978-7-5180-3584-7

Ⅰ.① 微… Ⅱ.① 孟… Ⅲ.① 网络营销 Ⅳ.① F713. 365. 2

中国版本图书馆 CIP 数据核字（2017）第 104100 号

策划编辑：曹炳镝　　责任印制：储志伟

中国纺织出版社出版发行

地址：北京市朝阳区百子湾东里 A407 号楼　邮政编码：100124

销售电话：010—67004422　传真：010—87155801

http：//www.c-textilep.com

E-mail：faxing@c-textilep.com

中国纺织出版社天猫旗舰店

官方微博 http：//weibo.com/2119887771

三河市延风印装有限公司印刷　各地新华书店经销

2017 年 7 月第 1 版　2020年1月第4次印刷

开本：700 × 1000　1/16　印张：16. 5

字数：186 千字　定价：38. 80 元

前言

微信是腾讯公司于2011年年初推出的一款即时通信工具，集快速发送语音短信、视频、图片、文字于一身。随后的几年，发展迅猛，短短几年时间，用户数量突破6亿，如今的微信无疑已经成为一种公众高度依赖的通信工具，是继微博之后又一个深刻改变互联网信息入口，改变大众获取信息甚至生活方式的超强工具。

毫无疑问的是，其商业价值也越来越显现。微信平台的来临，让很多名不见经传的企业赚个盆满钵满，它们既是微信营销的先驱，也是微信营销成果的收获者。微信营销的发展前景非常广阔，值得企业或者个人深究其精髓。

想创业的个人或者企业的经营者、管理者要想在微信营销中一显身手，首先应对它有一个基本的认识和了解，而本书提供了这样一个载体，相信使用者可以在这里积累下挖掘财富的知识和方法！

本书详细讲解了微信营销的方法和技巧，包括微信营销的趋势、微信营销的优势、微信公众平台的运营策略、建立微信营销平台的技巧、微信营销发掘客户的技巧、微信功能的营销策略、微信营销的几种模式、微信推广的营销策略、不同行业的微信营销策略、微信营销经典案例分析、微信营销的误区、微信营销效果的评估等内容。本书既适用于对微信营销不甚了解的新用户，也适用于有一定操作经验的用户。只要用户参考本书的微信应用精髓且适当地运用，就能收到理想的效果。

本书的主要特点有以下两个方面：

◆内容全面，由浅入深。本书从十个方面详细讲解了微信营销的基础知识和使用技巧，内容全面丰富，讲解由浅入深。由于微信作为一个新生事物，很多人对它不甚了解，或者一知半解，本书作者考虑到这些因素，在讲解微信营销基础知识和使用技巧时，由浅入深，循序渐进。

◆图文并茂，可操作性强。为了使读者能更容易地掌握微信营销入门知识和实用技巧，本书配用了大量的图形，相信读者在阅读完本书后，能够更容易地掌握微信营销的相关知识。另外，本书系统总结了微信营销的方法、步骤技巧，从实际操作层面对几个行业的微信营销策略进行了全面的解读并给出了解决方案，极具启发意义和可操作性。

在编写过程中，我们借鉴了大量微信营销的前沿理论、成果和微信营销优秀企业与营销大师们的创意方法，参考了大量具有科学依据的微信营销文献资料，在此向各位专家学者和同仁们表示感谢！同时，我们一如既往地欢迎各位读者给这本书提出宝贵的意见，以便我们不断改进，继续为广大读者奉献自己的力量。

编著者

目录

第一章 “微”机潜伏

——微信营销的趋势

》了解微信营销

微信营销是以微信为传播媒介的营销方式，其主要目标群体是广大的微信用户，是伴随着微信软件的发展而兴起的一种移动互联网领域的新型网络营销模式，结合了线上的病毒式营销和线下的广播式营销。

微信营销具有如下特点：

一、信息投放更精准

不同于其他媒体爆炸式的信息传递，微信软件由于其通信的属性，投放到用户微信的信息一般能百分之百到达并准确传递。此外，借助微信提供的位置服务，还可以做到信息的分区域投放，特别适合于开展基于地理位置服务（LBS）的营销。

二、病毒式营销

病毒式营销也叫口碑营销，是一种建立在用户关系上的利用口口相传来实现品牌传播目的的一种营销模式。

微信用户数量的急剧增加，使其形成了规模庞大的交友圈。利用这一特点，营销人员在自己的公众平台上给关注用户提供足够有价值的资讯和服务，在关注者中形成良好的口碑，塑造良好的品牌形象。关注者会成为所关注品牌忠实的粉丝，并在自己的朋友圈子里向其好友推荐品牌，以帮助品牌营销人员实现品牌营销的目的。

画龙点睛

★☆★★☆★

实现"病毒式营销"的关键因素有两点：一是要为用户提供有含金量的信息或服务；二是站在用户的角度思考，将用户的体验放在第一位。因为关注品牌的用户随时都可以选择取消关注，所以一直保持良好的用户体验，不引起用户厌恶，是保有关注量的不二法门。试想一个总是发送各种广告的公众平台，不会有多少用户愿意去长时间关注的。

二、较强的用户黏性

微信主要是点对点的交流方式，这种形式的交流使得商家可以和关注自己的用户建立更强、更有黏性的关系，可以通过一对一的聊天等形式为用户提供单独的电话式的服务。

四、营销方式灵活多变

微信营销方式众多主要是得益于微信软件丰富的功能，漂流瓶、摇一摇、附近的人、二维码、公众平台和开放平台都可以成为微信营销的途径。

对于微信营销来说，需要企业一步一步地构建稳固的粉丝群体。微信的价值是稳步实现的，投机取巧只会失去未来的市场。对于企业来说，在开展微信营销的时候，需要理性的心态和科学的方法，盲目跟进对于微信营销来说没有太大的意义。只有经过用心构建的微信营销，才能为企业带来巨大的商业空间。可以假设，企业微信的粉丝都是企业最忠实的拥护者，他们对企业的关注就是希望企业能够为其提供最具价值的产品，而这些完全经过选择的粉丝，在传统营销中是很难做到的，这就是微信营销的价值所在。

微信公众账号的注册

微信公众账号简称微信公众号，是用户在微信公众平台上申请的应用账号。微信公众平台主要面向名人、政府、媒体、企业等机构推出的合作推广业务。在这里可以通过微信渠道将品牌推广给上亿的微信用户，减少宣传成本，提高品牌知名度，打造更具影响力的品牌形象。微信公众账号（以下简称微信公众号）与其他普通账号不同的是可以设置快捷自动回复，并且必须在电脑上登录。

一、微信公众号的注册

微信拥有大量的用户，因此一点小问题都会被无限地放大，因此在微信公众号平台的申请上，微信更是严格把关。目前微信公众号的申请可分为个人和组织两种，组织当然就是一些社会群体，比如企业，等等。

首先，通过电脑登录微信公众平台官网：http：//mp.weixin.qq.com/，点击右上角的“立即注册”。

微信公众号注册步骤一

填写注册邮箱和设置公众号登录密码。这个邮箱是用于登录微信公众平台和微信公众账号注册激活的。需要注意的是，注册公众号时，注册过微信的就不能再注册了，得用新的 QQ 号码注册。

微信公众号注册步骤二

登录邮箱查看邮件，并激活公众平台账号。

画龙点睛

★☆★★☆★

需要注意的是，没有收到邮件时：

1. 请检查邮箱地址是否正确，若不正确，请返回重新填写。

2. 请检查邮箱设置是否设置了邮件过滤或查看邮件的垃圾箱。

3. 若仍未收到确认，请尝试重新发送（点击页面中的“重新发送”）。

微信公众号注册步骤三

点击邮件中的链接地址，完成激活。如果链接地址无法点击或跳转，请将链接地址复制到其他浏览器（如 IE）的地址栏进入微信公众平台。链接地址 48 小时内有效，超过 48 小时需要重新注册。

微信公众号注册步骤四

微信的公众账号具有较高的舆论性质，因此微信在审核过程中非常严格。个人在申请时，在邮箱点击微信公众账号的激活链接后，会自动跳转到微信公众账号的个人信息登记页面。这时候你需要按照要求填写个人信息，还要上传一张持有身份证的照片；另外，还要通过手机短信验证，相当于绑定了个人的手机号码，审核手续可谓相当谨慎。

二、微信公众号的类型

微信公众号注册时，可根据公众号的用途，具体选择对应的类型，如果企业 / 媒体 / 政府 / 其他组织类型中的信息登记部分资料无法提供，建议您选择注册个人类型的公众账号。各类型介绍如下：

表 1–1 公众账号类型

类型	内容	注册所需资料
“企业”类型	包括：企业、分支机构、企业相关品牌、产品与服务，以及招聘、客服等类型的公众号	企业名称、营业执照注册号、营业执照扫描件、对公账户、运营者身份证姓名、运营者身份证号码、运营者身份验证、运营者手机号码
“媒体”类型	包括：报纸、杂志、电视、电台、通讯社、其他媒体等类型的公众号	组织名称、组织机构代码、组织机构代码证件扫描、运营者身份证姓名、运营者身份证号码、运营者身份验证、运营者手机号码
“政府”类型	包括：国内外、各级、各类政府机构、事业单位、具有行政职能的社会组织等类型的公众号。目前主要覆盖公安机构、党团机构、司法机构、交通机构、旅游机构、工商税务机构、市政机构、涉外机构等	政府全称、授权运营书、运营者身份证姓名、运营者身份证号码、运营者身份验证、运营者手机号码
“其他组织”类型	包括：不属于企业、政府、媒体、个人的机构类型的公众号	组织名称、组织机构代码、组织机构代码证件扫描、运营者身份证姓名、运营者身份证号码、运营者身份验证、运营者手机号码
“个人”类型	包括：由自然人注册、认证、运营的公众账号	身份证姓名、身份证号码、身份验证、运营者手机号码

在选择信息登记类型时，可以参考组织机构代码证上的组织类型；

个体工商户选择“企业”类型；

企业法人、企业非法人选择“企业”类型；

医院选择“其他组织”类型；

民办学校、学校选择“其他组织”类型；

驾校用道路经营许可证选择“其他组织”类型；

民办非企业用登记证书选择“其他组织”类型。

若组织机构代码证上的机构类型为企业法人、企业非法人，请勿选择“其他组织”类型进行登记。若“个体工商户”无“对公账号”，请选择“人工验证”进行注册并微信认证，完成公众账号注册。

》 微信公众平台的基本功能和使用

微信公众平台是腾讯公司在微信的基础上新增的功能模块，通过这一平台，个人和企业都可以打造一个微信的公众号，可以群发文字、图片、语音、视频、图文消息五个类别的内容。目前微信公众平台支持 PC，移动互联网网页登录，并可以绑定私人账号群发信息。

画龙点睛

★☆★★☆★

庞大的微信用户群吸引着众多企业进入微信市场，开发微信公众平台，以不同的途径培养目标客户群，进行信息传播，塑造企业形象，以形成一定的品牌效益，最终为企业营销做准备。

一、微信公众平台的基本功能

微信公众平台的基本功能有以下几种：

1. 主动提供信息

个人和企业在平台上主动向用户提供信息和资讯。从技术层面上说，公众号分为两种类型，服务号与订阅号。其中，服务号每个月可以就企业的服务和产品为内容向用户发送一条群发信息，而订阅号可以每天发送一条群发信息。

2. 群发功能

为了吸引更多用户，并与用户保持沟通，企业会利用后台进行信息群发，向用户提供企业的新产品、新服务的信息，让用户了解企业的最新动态。而且，这种公众号与用户的对话是私密性的。

3. 数据统计功能

（1）用户管理分析。查看任意时间段内用户数的增长、取消关注和用户属性等统计。

（2）群发图文消息分析。查看任意时间段内图文消息群发效果的统计，包括送达人数、阅读人数和转发人数等分析。

（3）用户消息分析。查看针对用户发送的消息的统计，包括消息发送人数、次数等。

（4）接口调用分析。成为开发者的公众号，可以查看接口调用的相关统计。

4. 自动回复功能

用户在开启与公众号对话窗口后，可以根据自己想了解的信息输入关键词，通过后台系统的匹配，公众号会针对用户的求知意向提供常规消息。而对于用户的特殊疑问，如在系统无法匹配到合适的关键词时，公众号会发送引导信息，指引用户进入相关步骤以获取需要的信息。

二、微信公众平台的使用

微信公众平台使用步骤一：申请

使用 QQ 号码，可以登录 mp.weixin.qq.com，确认成为公共账号用户。申请的中文名称是可以重复的，你不需要担心上面有人抢注了你的微信公众号。确认公共账号后，就会进入微信公众媒体的后台（图 1–1）。

图 1-1 微信公众媒体的后台

微信公众平台使用步骤二：发布及订阅

它的最重要的发布和订阅方式，是通过发布公众号的二维码，让微信用户随手扫描订阅。任何微信公众账号用户，都可以在设置中找到一个如下格式的二维码，品牌 ID 会放到二维码的中部（图 1-2）。

图 1-2 微信公众号的二维码

微信公众平台使用步骤三：其他方式阅读微信公众账号

你也可以用其他方式来订阅微信公众账号。比如，通过微信号进行订阅，在微信上直接点按“添加朋友”—“按号码查找”。但是对于目前开放申请的微信公众号，大部分微信号格式类似 gh_1f95ca2071e2，并不利于记忆和查找。此外，微信上面还可以通过发送名片的方式把你喜欢的微信公众账号 ID 发送给朋友。

微信公众平台使用步骤四：消息推送和阅读

微信公众账号可以通过后台的用户分组和地域控制，实现精准的消息推送。普通的公众账号，可以群发文字、图片、语音三个类别的内容。

微信公众平台使用步骤五：群发助手

由于公共账号不能在手持设备上登录，因此，个人公众号可以绑定一个私人微信账号，并可以在私人账号上通过公众号助手向所有公众号的粉丝群发消息。每次发送消息的时候都会被询问“是否确认发送”，消息提交过程比一般微信号的发送过程稍慢。

微信公众平台使用步骤六：自动回复

由于是一对多的点对点方式，微信公众平台后台设置了自动回复选项，用户可以通过添加关键词（可以添加多个关键词）以便自动处理一些常用的查询和疑问。

在移动互联网时代，基于庞大的微信用户群，微信公众平台为企业提供了新的企业宣传模式和发展空间。如何开发微信公众平台的功能，打造企业品牌，会成为更多商家思考的问题。

微信的盈利途径

微信营销是“熟人＋陌生人＋圈子”的模式：导入通讯录、“朋友圈”、微信群等加强了熟人、朋友之间的联系，“摇一摇”“附近的人”“漂流瓶”等 LBS（Location Based Service，地理位置服务）功能吸引了一些人的好奇心，促进了陌生人之间的交流，微信公众平台使得有共同兴趣爱好的人加入特定圈子。对微信，腾讯可以有以下 6 种盈利模式：

一、微信 VIP

微信 VIP 也可以说是针对普通微信用户的增值服务，可以享受诸如以下增值会员服务：信息推送不限制，目前微信公众账号基本都只能每天发送一条，有这个服务后，每天可以增加到 5 条；个人微信可以上传个性化处理照片和视频，比如新增微信硬盘、微信相册、付费表情、朋友圈功能设置（像字体设置展现形式）、享受投票等功能；比如微信好友分组，专属服务器，使语聊视频更顺畅等特权会员服务。

二、APP 应用

微信上每个公众账号都可以当作一个独立 APP，让我们免去了下载安装烦琐的 APP 应用了。随着 APP 以及 html5 的开发火热，势必会出现功能性的收费应用，特别是游戏应用。随着用户对微信的认可以及将微信融入日常生活中必不可少的一部分，优秀的收费应用的出现是双方需求的必然。

三、平台盈利模式

采取平台盈利模式，即通过免费聚集大量的平台用户，帮助公众账号积累目标客户，打造更便利、更有效的营销工具，并向其收费。但这里有个时机问题，目前处于扩大用户规模阶段，如果对商家收费，必然会影响商家的进驻，而且出于成本收益的考虑，付费进驻的商家必然会破坏目前“互粉”的默契，放松自我约束，主动推送销售信息，对用户形成骚扰。因此这一阶段必须继续构建开放式平台，采取对用户和商家双方都免费的模式，等到用户黏性达到一定程度之后，公众账号必然要为营销工具付费。

四、通过广告收入盈利

影响力较大的知名微信自媒体运营者明码标价，售卖微信中的广告位：单图文、多图文头条、末尾、其他位置等，广告形式为硬广，或在文章中植入软广告，单价从几百元到上万元，是自媒体最直接的盈利方式。

五、客户关系管理

让我们来看一组数据：“北美地区外包呼叫中心市场 2012 年预计为 200 亿美元，中国外包呼叫中心市场 2011 年数字为 701 亿元人民币，2012 年估计为 800 亿 ~ 1000 亿元人民币，如果微信能够替代 10% 的传统电话通信，那么微信 CRM 呼叫中心就可以有 70 亿的规模市场。我们要考虑怎么对用户的语音以及文字沟通等内容进行数据的分析和挖掘，形成用户行为以及用户习惯数据，更好服务于微信企业。这块只有腾讯拥有庞大用户的聊天数据资源，这一块客户数据服务以及客户服务功能收费也是腾讯可以考虑的。

六、平台佣金

企业选择微信自媒体进行品牌传播，自媒体通过发布企业的推广信息赚取佣金，采用这种商业模式的平台得到企业与微信自媒体的认可并正在蔓延。而在这些平台中，乐推微因为整合了海量的微信自媒体资源，并开发了针对企业目标受众的创意活动而脱颖而出。

画龙点睛

★☆★★☆★

微信有以下展现形式：微信开启页、首页最上端 banner 栏、朋友圈最上端图文广告、好友（企业）推荐等形式。腾讯可直接按 CPM 等方式变卖广告资源，实现盈利。

微信营销的步骤

第一步：调整心态

心态决定进成败，一旦企业决定开始做微信营销的时候，就要让整个企业都有一种教主的心态。

首先微信公众平台是一个综合性的平台，企业能在微信上完成从市场调研、客服咨询到销售等所有工作，各个环节都能在微信上获得帮助，明白了这一点有了这种心态，企业就可以进行微信营销了。

而企业的微信公众平台给予目标人群的就是信赖和依赖，因此企业进行微信营销的时候需考虑如何让自己的新老客户依赖于已就可以了，这样才能激发整个企业对于微信营销的重视，才能真正发挥微信营销的威力！

画龙点睛

★☆★★☆★

所谓教主心态，简单来说就是企业是一个教主，客户是依赖其生存的，如果离开教主，客户就活不下去了。传统企业想要一下改变整个观念是有一定难度的，但是只要明白了这一点就可以做到，那就是企业内部所有人要知道自己的微信公众平台能给企业带来什么，能给目标人群提供哪些服务。

第二步：确定重点

确定重点是指确定企业的微信公众账号上要有哪些功能，有哪些内容的展示，展示内容是什么。

比如有些企业的微信公众账号每天向所有新老客户推送一条美女播报的天气预报和最新资讯评论，一些制造业的微信公众账号有股票查询功能，比如一些美容院的账号有星座运势和皮肤指数查询功能。对于内容方面，粉丝想看什么内容给他们什么内容，输入什么命令给予相应的内容。比如粉丝输入“你好”可以看到企业的介绍，输入“联系方式”可以查看企业的联系方式和地址，输入企业的一些部门以查看相关部门的介绍，还有获奖、资质等命令和对应的内容页面。

这些功能和内容的重点是，我们的目标人群需要什么，怎么能让他们依赖于企业。

第三步：先把老客户加进来

微信公众平台最大的一个好处就是能够经营客户，或者说经营粉丝。很多企业说经营一个老客户比获取新客户重要多了，而之前老客户维护需要的成本非常大，而且非常复杂和麻烦。而有了微信就不一样了，因为功能和内容就是以他们的喜好设定的，同时每天的群发又对他们进行了强制的推送，所以微信是目前经营老客户最好的利器。

所有新老客户都体验企业给予的功能和内容，而每天的信息推送就增加了新老客户与企业的互动，用微信对于老客户的经营是微信营销重要的工作，而且由老客户进行企业公众账号的推荐都是具有极高转换率的，所能带来的新客户也是极为精准的人群。

第四步：全面推广

微信公众账号的推广一定是全面的推广。前文已经介绍过，微信能替企业完成从市场调研到客服销售的所有工作，企业要全面推广自己的微信账号，能展示二维码的地方展示二维码，能推荐的地方推荐，能进行账号域名推荐的就进行账号域名推荐，总之越全面越好。

微信营销的十二大要点

微信公众账号的运营难度确实比其他工具要高，毕竟微信公众账号比较封闭，要想获取用户的关注不是一件容易的事。在运营微信公众账号时，应注意以下几点：

一、公众号的名称

名称不能是某某品牌官方微信，这样感觉和企业官网一样，让大家感觉没有什么可看性，最好是单品牌名或品牌名加行业词，如果你的品牌知名度不是很高，则可以用品牌名加行业词的方式命名，如某某品牌服装批发，这样用户搜索服装批发就能找到你，有不少账号就是通过这样的方式获得数千人关注的。

二、鲜明的头像

就像微博营销一样，微信也需要一个有特色的鲜明头像。企业微信营销的第一个技巧就是设置一个好的头像。一般草根微信都是采用比较个性的头像，有些夸张怪异，而企业则要更加稳重一些，因为你毕竟代表企业不是个人。一般最常用的就是企业的 LOGO、企业的名称、企业的商标、企业的建筑物等，这些才能第一眼就让人认出你的企业。

三、简介最好能够突出账户个性，可以帮助客户解决什么问题或优惠信息

简介最好不要写公司简介或公司主营业务，最好是能够突出账户个性，可以帮助客户解决什么问题或优惠信息。比如，星巴克的微信账号简介："获得更多咖啡知识，体验更多精彩活动，快加入微信里的星巴克第三生活空间吧"。如果你是餐饮或连锁企业，就可以把活动促销信息写在简介里。

四、内容为王

这一点与微博有着异曲同工之妙，有价值 + 有品牌相关性是必须坚持的原则。如果你推送的内容不能给用户创造某种价值（或娱乐 / 或利益 / 或信息），就等着每天的掉粉猛增吧。如果长期下来，用户发现你推送的内容与品牌完全没有关系，那么他就很有可能觉得自己关注错微信号了，那么很有可能就取消对你的关注了。

五、推送频次

一周不要超过三次，太多了会打扰到用户，最坏的后果可能是用户取消对你的关注；当然，太少了用户也会抱怨，觉得你的微信只是一个摆设，根本不能从你这里获得什么，所以这个度一定得把握好。

六、善于使用位置签名

微信结合了 LBS 功能，在微信的“朋友们”选项卡中，有个“查看附近的人”的插件，用户可以查找自己所在地理位置附近的微信用户。系统除了显示附近用户的姓名等基本信息外，还会显示用户签名档的内容。商家也可以利用这个免费的广告位为自己做宣传，甚至打广告。

七、推送形式

推送形式是指内容不一定都是图文专题式的，也可以是一些短文本，文本字数一般一两百字，关键在于内容能引发读者思考，产生思想的火花，形成良好的互动效果。在微信中，我们定期会开展一些小调查，以短文本的形式，询问读者对于内容和推送时间的建议等。这样的效果非常好，一次小调查，我们通常会收到几百条用户回复，这样我们既实现了互动，也更了解了用户，而用户也能看到他们想要的内容，应该说是多赢的结果。

八、根据用户喜好数据反馈来提供内容

当你有一定用户量的时候，就会收到不少用户的反馈，你就会知道用户通常用什么角度来看你的文章或信息，这个时候就需要把用户数据用 Excel 收集起来，然后进行针对性分析，根据这些数据分析用户喜好来提供内容。有一部很火的美剧叫《纸牌屋》，这就是一部根据用户数据分析而拍摄出来的人气电视剧。

九、推销自己的二维码

现在微博上很多大号，无论是企业还是个人都在积极地宣传自己的二维码，推广自己的微信。因为，在微信中，用户可以通过扫描识别二维码身份来添加朋友、关注企业账号。那么企业可以设定自己品牌的二维码，用折扣和优惠来吸引用户关注，开拓 O2O 的营销模式。

十、关键词回复系统

微信运营久了，积累的素材很多，这些内容沉下去很可惜，因此建立丰富易查的关键词回复系统就非常必要。这是关键词回复系统的第一个功能。第二个功能是为了方便让用户找到他需要的内容，同时增加互动。目前微信的每个规则预设 10 个关键字，配备 5 条推送内容（随机推送），而规则只能设置 60 个，也就是说关键字可以设置最多的是 600 个，内容为 300 条，尽管这远远不能满足海量用户的个性化需求，但如果利用好了，也能产生非常好的效果。

十一、互动

要赢得粉丝的忠诚，进行互动是重中之重。互动就是沟通，指的不是单对单沟通，而是面向所有粉丝的互动。这对增强用户的黏性起着至关重要的作用，会直接影响到微信的成败。关于这一点，下面将单独详细阐述。

十二、线上与线下相结合

现在很少有人提微信的线下互动，但从沟通的效果而言，见面显然是效果最好的方法，也更容易拉近感情。线上线下活动结合的意义在于面对面的交流更容易培训忠实的粉丝，产生更鲜活、更接地气的内容，这样的微信公众号才会显得更真实，更有亲和力。另外，微信光靠自然增长用户会很有限，线下活动也是增加微信用户的重要手段。

画龙点睛

★☆★★☆★

相信有不少公司的微信或微博账号都是找公司内部人员兼做的，这个可能是微博时代遗留的问题，而微信就不一样了，用户互动的热情很高，每天的用户提问量很高，所以做微信营销最好配备专职客服。

第二章 “微”震四海

——微信营销的优势

》 微信营销与微博营销的比较

微信营销是网络经济时代企业对营销模式的创新，是伴随着微信的火热产生的一种网络营销方式。微博营销是指通过微博平台，为商家、个人等创造价值而执行的一种营销方式。该营销方式注重价值的传递、内容的互动、系统的布局、准确的定位。微博比微信早诞生几年，但是这两种信息交流平台有着众多的相似性，甚至连名字都非常相近。因此人们常常把这两种交流平台放到一起说，久而久之就有许多人将这两个平台的特性和使用方法混淆起来。下面就讲一下这两个最热门的平台究竟有哪些区别。

画龙点睛

★☆★★☆★

微博营销只在粉丝中传播，而微信营销注重深度用户服务。微博营销赚的是转发量和眼球，而微信营销重在提供客户服务。

一、客户端不同

微博主要还是在 PC 客户端（电脑），虽然微博也有自己的移动客户端（手机），但用户更习惯使用电脑登录微博。而微信的个人用户只支持移动客户端，微信的公众平台则只支持 PC 客户端，因此普通微信用户都是使用手机登录微信的。

二、精准度不同

与微博营销相比，微信最大的特点是精准。微博营销只需要写 140 字，配个图，或者加个短链接便可；而微信营销需要内容承载网站，展示企业要求发布的内容，供粉丝深度阅读，或者借此承载网站，收集用户信息。

三、用户关系不同

微信用户间是亲朋好友生活工作等比较紧密的真实关系；微博用户间是基于兴趣、爱好、行业属性、观点、时间、快餐式交流互相聚集形成的微弱关系，相对比较虚拟。

四、平台的属性不同

虽然微博和微信都是社会化媒体，但微博更倾向于社会化信息网络，对于信息的传播速度极快，同时微博属于自由媒体平台，发布信息无论是好友还是陌生人都是可以看得到的，更像是新闻媒体平台，而微信则倾向于社会化关系网络，平台注重用户圈子的维系，用户在圈子当中可以相互交流相互分享。

五、时间同步性不同

微信的实时提醒功能，使它的传播为同时；微博默认为时间排序，可通过智能排序、热门微博、搜索等功能实现差时传播的效果。

六、信息内容的传播范围不同

在微博上，不论是关注的朋友还是没有关注的陌生人的微博，我们都能够看到。但微信不同，只有在自己关注的圈子或被关注的圈子中能够传播用户发布的信息，陌生人则无法看到，所以微信的传播环境更私密。

七、在用户互动方面不同

微博营销重在内容撰写，微信营销重在用户互动。微博传播的特点，转发功能让好的段子配上大号助力，一天可能就会被转好几万次，而微信却不同，好的段子，你也别想着它会疯狂传播，因为它是封闭的一对一的沟通渠道。微博营销只在粉丝间传播，而微信营销注重深度用户服务。粉丝间的传播就是转载，即使被大量转载也难以产生深度影响力。而微信主要是靠一对一的交流，这样很容易了解对方的信息，进而发展成深度用户。

八、对于企业营销的作用不同

微博有媒体特性，更适合做企业品牌曝光，维护公共关系和媒体关系，也可以做客户关系的维护，而微信是个圈子的平台，适合企业的信息推送，维护客户关系，打折促销活动。

》微信营销与短信营销的比较

微信营销的本质到底是什么呢？从企业营销的角度去看微信营销，其实就是短信营销的升级版。

一、微信营销与短信营销的共同点

（1）微信营销是在手机端，短信营销也是手机端。

（2）微信营销通过微信账号发送消息，短信营销通过手机号发送消息。

（3）看信息的人一样，都是手机用户。

二、微信营销与短信营销的不同点

（1）微信营销更加精准。精准的地理位置定向，精准的人群定向。

（2）微信营销可以互动，短信营销不能互动。

微信营销的互动形式有以下几种：

①微信营销拥有更多技术化手段互动。微信的互动是可以通过技术实现的，打通微信与企业数据库的接口便可，甚至可以借用其他已经成型的

数据接口实现。

②微信营销可以直接进行人工互动。

画龙点睛

★☆★★☆★

现在做微信营销的人越来越多，同时也发现很多人对微信营销却是一头雾水，自己也建了微信公众平台，但是却不知道怎么推广，不知道怎么运营。不懂这些的最根本原因是大家不知道微信营销的本质是啥，我们只有了解了本质，才能一目了然。

微信营销与搜索引擎营销的比较

搜索引擎（Search Engine）是指根据一定的策略、运用特定的计算机程序从互联网上搜集信息，在对信息进行组织和处理后，为用户提供检索服务，将用户检索相关的信息展示给用户的系统。搜索引擎包括全文索引、目录索引、元搜索引擎、垂直搜索引擎、集合式搜索引擎、门户搜索引擎与免费链接列表等。

近几年，网络营销越来越风靡，这也导致不少企业以及个人开始进军互联网营销领域，而进入这个领域的企业大部分都是从事搜索引擎营销，因此竞争比较激烈，这也导致了竞价的单价不断上涨！

微信是腾讯公司于2011年1月21日推出的一个为智能终端提供即时通信服务的免费应用程序，微信支持跨通信运营商、跨操作系统平台通过网络快速发送免费（需消耗少量网络流量）语音短信、视频、图片和文字。微信的“摇一摇”、“漂流瓶”、“朋友圈”、“公众平台”、“语音记事本”等功能都给企业做微信营销提供了便利。

以下介绍这两个平台究竟有哪些区别：

一、微信营销转化率高

搜索引擎的效果取决于关键词设置，但企业对搜索引擎的优化和方法优化认识普遍不够深入，急于求成，或采用不适当的方法。关键词设置不当，没有转化率。而微信是一个维护客户关系的营销平台，每个人身边都有一个圈子，同一圈子的人兴趣爱好肯定有共同点，所以企业做同一类人群能够一拖三。找准一个目标粉丝后，身边就是成百的意向粉丝，转化率更高。

二、微信营销成本更低

除竞价单价的上涨之外，各种不同的恶意点击、市场份额的瓜分等因素也使得更多企业不但吃不到甜头，反而深受其害！企业如果利用微信平台在微信开商城，不仅能控制成本，而且没有恶意竞争，现在市场一片火热但形成气候的还没有，是传统企业和中小卖家加入的最好时机。

画龙点睛

★☆★★☆★

通过且仅通过微信，用户足不出户，不用提供任何隐私信息，就能获得精准的信息，从而方便地作出决定，用户只要把信赖再强化一下就可以了。企业可以省去交给百度的中介费，省去好多重叠部门的大部分人工费，直接获得用户。

三、微信营销流程完整

百度能做的就是把你的潜在客户领到你的网站上去，而不是领过来给你签订单。一些最基本的因素，如网站打开速度、网站美观程度等都会影响客户的签单率。微信营销则不存在上述问题。企业做一个营销型网站成本过高且服务费用也高。做微信营销的用户，可以使用第三方微信营销平台解决这个问题，譬如 Hishop 微商城，该商城提供浏览商品、下单、支付等服务，使消费者享受到完美的购物体验，完成了完美的购物流程。

》 微信营销与门户广告的比较

中国互联网门户网站格局大局已定，其中四大门户网站主要指的是新浪、网易、搜狐、腾讯四大网站。这些年网络门户广告份额逐年攀升，成为广告市场的新生力量。它的优点在于可以较稳定地为网站输送流量，缺点是整类广告的转化率偏低。而微信营销作为后起之秀，除了成本低廉之外，还会产生用户互动，在互动中达成销售，还有客服，一个企业公众账号搞定一切。

两者相比较，微信营销和门户营销有以下区别：

一、微信营销有互动性，而门户广告属于单边商品推介

在微信的互动营销中，互动的双方一方是消费者，一方是企业。只有抓住共同利益点，找到巧妙的沟通时机和方法，才能将双方紧密地结合起来。而且在互动之中，商家还可以与用户之间相互学习，彼此共同发展和进步，以迎合用户的需求。所以微信营销的出现赢得了用户的肯定和赞赏，可以说处处充满人性化的互动。

与微信营销相比，门户广告虽然也有一定的互动，但是门户广告更多的却是展现品牌，还有产品和功能，在互动方面不能和微信营销相较。

二、微信营销成本更低、完全精准，门户广告的精准性值得考量

微信营销获取一个目标用户的成本较低，还不到 10 元钱，这是由于微信的私密性、朋友性及一对一的沟通特质决定的，这些目标客户都是真正喜欢这个企业或者品牌才关注这个企业的公众号的，对这批目标用户进行营销、市场调研、销售是可以做到 100% 精准的。

而门户广告的成本则较高，这是由于广告费用高昂，而且精准度也没那么高，浏览网站的用户不一定就对网站上的广告感兴趣，甚至还会产生一定的反感。

通过上面的对比我们可以看出，微信无论是从成本方面还是效果方面都比门户广告更适合企业，尤其是中小企业。

画龙点睛

★☆★★☆★

如果一个企业想在这些门户网站上投放一个月的广告，不但价格过高，而且这些广告还不一定就展示给了有需求的用户。因为很多浏览用户都对这些广告毫不感冒。据有关专家统计，在这些大型门户网站上投放的广告有50%的投资是白白浪费的，因为中国互联网用户还不算成熟，而且目前有大量的网络信息肆意传播，用户接受广告的意愿很低。

微信营销与SNS营销的比较

SNS，全称 social networking services，即社交网络服务，专指旨在帮助人们建立社会性网络的互联网应用服务。SNS 营销就是利用 SNS 网站的分享和共享功能，在六维理论的基础上实现的一种营销。通过病毒式传播的手段，让产品被更多的人知道。

微信传播具有很多优势，其用户群体规模巨大、用户定位精准、信息反馈及时，并且互动性强、成本低、转化率高，企业可以充分运用微信，为用户提供更加丰富便捷的服务，从而提升企业品牌形象。

随着智能手机和移动互联网的普及，微博、微信等新媒体的出现，开心网、人人网等传统社交网络都遭遇了危机。两者相比，区别主要有以下两点：

一、SNS 营销消息传递的准确性较低，微信营销消息传递的准确性较高

社交网站以每个单独的用户为核心，由个体来组织信息的传递。但每个用户的爱好、习惯和需求都各不相同，是一种抽象的存在。因此所传递的信息也会包罗万象，其他用户需要在众多信息中剔除无效内容，花费大量时间获取有效信息。而微信的公众账号更加有针对性，是一种具象的存在。可以帮助关注的用户迅速获取有效信息，省时省力。

二、SNS 营销消息传递的即时性较低，微信营销消息传递的即时性较高

社交网站的信息是通过“关系网”来传递的，每个圈子都被分割成了“孤岛”，大多数信息只能在圈子内分享，只有少量信息才能够通过同时位于不同圈子的用户渗透传达。这就造成了信息传递的闭塞性和迟滞性，经过多次转载甚至还会使信息缺失和偏差。而微信的公众账号与微信用户之间则是一对一的关系，不需要中间环节，信息传递快速、明确。

》微信营销和病毒营销的比较

一、了解病毒营销

病毒这个词相信大家都有耳闻，甚至闻之色变，我们通常所讲的病毒式营销（viral marketing）实指一种常用的网络营销方法，常用于进行网站推广、品牌推广等，病毒式营销利用的是用户口碑传播的原理，在互联网上，这种“口碑传播”更为方便，可以像病毒一样迅速蔓延，因此病毒式营销成为一种高效的信息传播方式，而且，由于这种传播是用户之间自发进行的，因此几乎是不需要费用的网络营销手段，其效果也非常明显。

二、病毒营销与微信营销的比较

病毒营销有不少时候被特别应用，迷惑使用者，传播一些使用者并不需要的信息。在一些 QQ 空间动态里经常能够看到很多这样的情况，如好友在玩“十幅穿帮图”，就是取材在影视娱乐圈的一些令人爆笑的穿帮图片，但是当你点击进去的时候，有一个打勾“同意”的选项框，在你不打勾选的时候，你是无法进入此页面的，但是好奇心爆棚的你，点击以后，你就成为其中的传播者了，打勾“同意”的选项框已经将他们的游戏分享到你的空间了，于是一个两个不断地迅速蔓延开来。

与病毒营销这种迷惑式的方式不同，微信营销更加尊重使用者的意愿和需求。微信公众号的阅读者完全是出于自己真实的感受，去订阅该账号获取自己需求的信息。

画龙点睛

★☆★★☆★

微信营销更加人性化，体现在不少方面。以快递公司为例，在订阅者订阅到它的公众微信号时，微信会通过 GPS 定位你的精准位置，提供更高质量的服务。快件跟踪、价格查询、取派范围、网点查询、客服热线等这些非常到位的服务，都能第一时间解决你的种种疑问。

第三章 “微”处见大

——微信公众平台的运营策略

》 微信公众号的选择：服务号OR订阅号

一、服务号与订阅号群发消息的区别

订阅号为用户提供信息和资讯，微信对于订阅号没有较多的限制，自由度比较高；服务号为用户提供服务，微信对于服务号有一定的限制，比较适合权威但次数并非很频繁的公告类企业。具体区别有如下几个方面：

1. 微信公众服务号与订阅号推送消息区别

微信公众平台服务号是公众平台账号的一种类型，最终目的是为用户提供服务，重在服务。服务号是每月只能群发 1 条消息，也就是第 2 条消息要等 1 个月，否则是无法群发的。但是有一点好处就是服务号发给用户的消息会直接显示在用户的聊天列表之中，很明显，它及时地给用户消息提醒，让用户能第一时间看到。

微信公众平台订阅号是公众平台账号的一种类型，它主要是为用户提供各类信息和资讯，让我们第一时间获得更多信息。订阅号是每天可以群发 1 条消息，这样下来，订阅号每个月可以推送 30 条左右的消息。

2. 服务号与订阅号高级功能的区别

进入服务号的编辑模式，在这里，我们可以看到两项操作，其中自定义菜单是服务号特有的，可以丰富会话窗口，也就是增加用户的体验度。

进入订阅号的编辑模式，这里只有一项操作，设置如何自动回复消

息，让我们在没有人管的情况下，只要用户关注我们就会回复一条消息。

3. 服务号与订阅号服务中心的区别

服务号的服务中心有四项功能，包括基础接口、自定义菜单、微信认证、高级接口。其中自定义菜单和高级接口两项是服务号独有的，订阅号是没有的。

微信公众平台订阅号的服务中心：点击“服务”—“服务中心”，在这里有基础接口、微信认证这两项。

微信公众平台服务号与订阅号的服务中心区别就在于，服务号可以进行自定义菜单，也就是在会话界面最底部设置自定义菜单，菜单项目可以按需设定。服务号的高级接口可以获取用户基本信息、客服接口、语音识别等信息。这些功能在订阅号里面是没有的。

4. 服务号与订阅号“我的服务”的区别

服务号的“我的服务”中有两项功能，我们可以根据需要自定义相关菜单。

订阅号的“我的服务”中只有一项功能，这项功能也只用作设置消息。

5. 微信公众平台服务号与订阅号“统计”的区别

微信公众平台服务号的统计：点击“统计”，在统计里面有四项：用户分析、图文分析、消息分析、接口分析。

微信公众平台订阅号的统计：点击“统计”，进入统计功能项，里面有三项分析：用户分析、图文分析、消息分析。

微信公众平台服务号与订阅号的统计区别就在于，服务号此项功能比订阅号多了一项：接口分析。其主要是针对接口调用进行分析的。

二、服务号与订阅号的选择

对于绝大数企业而言，最好先从订阅号做起，做好订阅号，通过订阅号形成好的沟通机制和氛围，当数据量足够大，很多需求无法通过订阅号满足时，再升级服务号，这是一个水到渠成的过程。

对于银行、电子商务企业、航空企业等与客户经常发生关系的行业和企业，可优先选用服务号，在用户消费过程中不断给予服务性的提示，提供订单、行程、路线、航班信息等的及时提醒和查询，并提供实时的在线客服。

画龙点睛

★☆★★☆★

不管是服务号还是订阅号，都需要做好在线客服，基于客服的实时沟通是微信公众账号的魅力所在，不能忽视。未来“微信客服中心”，很有可能和电话客服中心一样，成为企业新的客服模式。

微信公众平台的六大价值

一、作为移动营销的载体

（1）微信公众平台可以实现销售引导，及时快捷地把产品或服务信息送达粉丝促成交易，实际上是缩短营销周期。

（2）在品牌传播方面发挥着重要作用，通过微信粉丝不仅可以接受品牌信息还可更方便参与品牌互动活动，增加互动从而深化品牌传播。

（3）可以实现活动促销的最大曝光，能及时有效地把企业最新的促销活动告知粉丝用户，降低企业营销成本。

（4）可以实现O2O营销的闭环，线上与线下营销的互通是必然趋势，而微信为二者的结合提供了更便利的通道。

二、为企业提供有忠诚度与活跃度的用户

微信之所以没有公众账号订阅数排行榜，是因为订户数量不重要，订户质量才重要。对企业而言真正的忠诚度与活跃度才有价值。归根结底，

企业其实没有那么多的信息可以推送，为了发内容而推送一些没有太大价值的信息结果只会适得其反。另外据微信数据显示，公众号发送内容越频繁，客户失去得越快，因为用户已经被骚扰过度。所以请找到你的客户，并牢牢抓住他们。

三、承载移动官方网站

PC时代企业需要官网提供信息查询，移动互联网时代企业依然需要这样的官方网站，而且用户不需要通过百度搜索或输入网址来访问，只需记住企业昵称搜索微信公众号就可以获得企业介绍、产品服务、联系方式等信息。例如，关注了顺丰微信账号即可微信查询快递状态，而不需要登录网站查询，节省了用户在手机与PC端的切换时间，提升了用户体验。微信上承载移动官网会成为很重要的一个信息入口。

四、引流导流工具

微信是一个在客户服务、销售二次转化、黏度提升、口碑提升等方面作用明显的工具。通过其他推广方式引流导入到微信上，利用微信的基础功能进行关系深化、认可深化进而促成交易。有了微信，只要用户不取消关注，就可以随时推送信息，夹带促销信息给他们，和他们保持联系，并可以随时随地沟通。

五、客户CRM管理价值

CRM的核心是通过自动化分析来实现市场营销、销售管理和客户服务，从而降低营销成本、缩短营销周期、提高用户满意度。如此来看微信实时免费触达用户本就缩短营销周期并降低了营销成本，与邮件和短信相比不仅更快也更省钱。微信作为用户天然的沟通工具，极大地方便了用户与企业沟通的体验和成本，特别是将微信与企业原有的CRM系统结合实现多人人工接入，提高客户服务的满意度。

六、进行更方便、准确的市场调查

企业通过微信可以进行市场调查，在了解市场需求的基础上，为消费者提供需要的产品和服务，同时制订一定的口碑推广计划。让消费者主动传播公司产品和服务的良好评价。从而通过口碑推广产品、树立品牌、加强市场认知度，最终达到企业销售产品和提供服务的目的。

画龙点睛

★☆★★☆★

移动互联网带来了体验经济时代的来临，用户体验将成为企业的核心竞争力，它包括了产品体验、服务体验、品牌体验、物流体验等各个环节，而这些环节都可以通过微信粉丝实时反馈，这将非常有利于企业做好运营调整。

微信公众平台内容的八大来源

企业或者商家要想增长自己的粉丝量，除了外部推广以外，还有一个重要的途径，那就是我们的内容所形成的转发收藏带来的粉丝。那么我们怎么去获取这些优质的内容呢？下面就给大家说说具体的途径有哪些。

一、巧妙运用热点，引起大家的注意和讨论

热点之所以成为热点就是因为关注它的人多，而且现在每天都会发生很多热点（如果不知道怎么寻找热点，可以直接看百度风云榜或微博排行榜），然后结合热点内容进行梳理，之后巧妙地加入自己的广告。其实热点我们不缺，缺的是该怎么运用这些热点。

二、以生动有趣的方式介绍产品，而不是干巴巴地讲述

用户大多都不喜欢看干巴巴的产品介绍、产品说明书，用户喜欢生

动、有趣、有用的知识，以卖茶叶为例，如果只枯燥地介绍茶叶如何如何好，很难引起用户的共鸣，而如果把茶叶的饮用方法、存储方法，以及是否适合作为礼品等娓娓道来，势必引起客户的好感。

而对于一些服装品牌，则可以提供一些搭配方法、服装的保养和洗涤方法，相信只要你去挖掘，定能发现产品除了干巴巴的介绍之外，还有很多未开发的内容。人们在读取内容时会有很多选择，他们会订阅那些使他们笑、使他们哭，而且有参与感的内容。

三、充分利用搜狗搜索

利用搜狗搜索的前提是我们对自己公众号的定位，比如微信公众号是春季服装搭配，我们就可以在搜狗里面搜索与春季服装搭配的微信文章或者公众号，通过搜索我们就可以找到用户搜索最多的是什么，喜欢什么类型的文章，那么我们就可以根据这个找一篇你觉得价值比较高的内容发到自己的微信里面。这样有个坏处就是我们只是自己觉得内容好，并不代表粉丝也认可你的内容，所以说找内容的时候一定要结合粉丝的心理。

四、打造粉丝专属的折扣信息

不少企业或商家在确定了折扣方案之后，一股脑地把促销信息统统发布上来，可是用户并不买账。究其原因，是因为企业这样的促销做法就像街头路边发小广告的，用户得不到那种被尊重的感觉。对于企业或商家来说，应该设计一些精品的专属于微信粉丝的特别折扣。让他们感觉到一种作为粉丝有 VIP 一样的待遇，只有这样，粉丝才乐意成为你的粉丝。除特别折扣之外，还有一点就是新品，如果能做到微信上首发，比如某一款包包，通过微信先预订，只为粉丝准备，线下还没得买，这样粉丝也会感觉“很尊贵”。

五、梳理有用内容，汇总相关知识

这个比较容易理解，如果是做品牌营销的，就可以整理如 2015 年十大品牌营销案例的内容，找一些比较有名气的企业做一下深入了解，整理一份有价值的案例汇总，同时加上自己的分析内容，如果你的粉丝中有不少是做运营和品牌管理的，他们肯定会感兴趣。这样的文章还具有很强的传播性，粉丝也会帮你宣传，这样不断扩大影响力，如果下次有人做品牌宣传，肯定会找你，起码会咨询你。这就是整合汇编内容的效果，坚持去做，一定有成效。

六、介绍解决问题的方法

了解用户需求，解决用户问题。通过微信搜索你的产品、企业甚至是竞争对手的产品，听听用户关注什么，有什么疑问，通过一段时间的跟踪总结，把这些用户关心的问题分门别类，然后针对这些问题设计微信内容。另外一点就是，把企业客服部门遇到的问题都拿来分析分析，把用户问得最多、反馈最多的问题一条条解决掉，这些解决方案就是用户最喜欢的。

七、讲故事加深情感共鸣

会讲故事会卖货。讲故事不是叫你跑去国外注册一个子虚乌有的公司，回来煞有介事地给用户讲个欧洲缘起的贵族品牌故事，那是骗人的伎俩。其实每个创业者都有一段刻骨铭心的创业故事，每个业务员、每个客服每天跟客户打交道的过程中都在发生一段又一段故事，挖掘故事中的营销价值和用户价值，照实写下来，就是非常生动、富有感染力的营销内容。

八、名人成功启示

发表一些你对行业成功者的看法文章。在每个行业都一定有些比较突出的或是比较成功的网站和人士，这时候如果你能够发表对名博、名站的分析文章，将会吸引众多读者。我们知道，大家都会模仿成功案例，都希望自己能站在巨人的肩膀上，更快地走向成功，而你将会是他们所需要的那座桥梁。

画龙点睛

★☆★★☆★

相信很多企业在微信运营过程中都会为发布什么内容发愁。不知道“说什么”。甚至有些企业会错误地认为，建个账号、发点新闻、搞笑段子，微信运营就万事大吉了。我们知道，无价值的内容、纯粹的广告推送往往会引起用户的普遍反感。内容的形成应建立在满足用户需求基础之上，包括休闲娱乐需求、生活服务类的应用需求、解决用户问题的实用需求等。

微信公众号运营策略

一、定位企业微信平台

企业需要定位自己的平台，自己的微信公众账号究竟要给粉丝提供什么内容？建立的初衷是彰显品牌，进行宣传，还是立足于服务，为粉丝提供售后以及咨询服务，要提前考虑清楚。内容意味着营养，有营养才能有粉丝。

二、服务于哪些目标人群

建立好微信公众平台后，企业需要定位自己的目标人群。结合自身对于公众平台的期待，找寻符合自身平台目标人群的特征。这里的特征包含：性别、年龄、地域、消费习惯、生活习惯，等等，依据特征设定目标粉丝的满足比量表。符合设定的条件和特征多的，优先去发展。

三、做好微信内容运营

（1）做好内容的规划。内容规划非常重要，可以把公众号要推送 1 至 3 个月的内容都准备好，甚至可以把一年的内容都准备好。对于读者来说，可以长时间地通过公众号，详细了解一个行业里的专业知识，而不是杂乱没有联系的文章内容。

（2）采用不同形式的推送方式。内容形式差异化表现在语音推送，视频推送，试着用语音或者视频的展现形式来组织内容，如果能做成互动游戏的形式更好。

（3）内容整合。对于公众号来说，如果每篇都原创，对于个人来说，是一个非常大的工作量，可以招募一些投稿者，从中选取一些优秀的稿件推送，也可以跟那些写原创文章内容的作者合作。

四、制定营销倾向点

营销倾向点就是营销需要倾向于哪一类粉丝，需要倾向于哪一类活动，需要在什么时候做内容群发推送，这一切都需要做出详细的安排。

五、设定营销目标

选好倾向点之后，接下来就需要制作完整的营销目标了。综合粉丝增长率、图文转发率、图文打开率等指标，制定一定时间周期的微信营销目标。

六、竞争对手分析

不少微信公众号都没有对竞争对手进行过研究，如果公众号要做大做强的话，竞争对手研究是非常重要的一环。可以查看你的目标关键词以及对手的品牌名称在微信公众账号中的基本情况。微信运营人员需要从下面几个方面了解竞争对手的情况。

（1）可以用一个表格把微信名称、微信号、功能介绍、认证情况、内容更新频率等记录下来，从中找出他们运营的缺点及优点在哪儿。

（2）查看自动回复是否人性化，直接回复一些关键词，查看这些细节。

（3）研究他们用了哪些渠道推广微信：一般是看他们在网站上怎么引导用户关注微信二维码，还有在线咨询工具、微博等是不是也在同步宣传微信。

七、制定具体营销运营策划

需要进行针对性的内容和活动策划，结合即将到来的阶段的时节、关键事件、企业的关键纪念日等多维度，按照时间点，有针对性地策划相应内容和活动，制定运营策略的具体实施方法。

八、执行监督到位

在具体运营策划制定好之后，建立执行团队和监督体系，保证实行到位。毕竟再好的策略失去了执行，也就没有了意义。

画龙点睛

★☆★★☆★

微信的运营者需要好好地对所负责的微信账号进行一个整体的规划或者定位，进而有取舍地选择合适的方法。总结一下吸引粉丝的方法——基点：有准确的平台定位；内容：了解文章内容本身自传播的势能有多大；渠道：打通文章传播渠道中的大节点；附加：为微信平台附加更多的魅力值。

微信营销如何增加粉丝活跃度

在微信营销中，关于如何增加粉丝活跃度，有如下方法和技巧：

一、做有吸引力的内容

要知道我们辛苦做内容的目的不仅是让粉丝知晓信息，而且是让他们认同品牌。在别人重复发布与大部分粉丝毫无关系的企业信息时，而你的公众号开始讲述你的企业发展中的某个精彩历史时刻，介绍你在全球各地的自由开放的办公环境，或者分享某位超级奇葩员工的经历等，你想想会不会更吸引粉丝的眼球呢？把企业当成一个“有血有肉”的人，讲述一些关于它的精彩有趣的故事，则更容易激发粉丝好奇心，并挖掘出企业内在独特性的品牌价值。

二、提升互动性

不少人认为，微信增加粉丝活跃度就是传统的“点赞”、“分享”、“评论”，其实这几种方式还是缺乏互动。所以，就需要在提升互动性方面多做文章。一方面，微信营销的内容要具有一定的吸引力，包括内容标题和摘要能够容易引起好友的关注，人都是有好奇心的，使用问答、猜谜等趣味性的方式更容易引起粉丝的好奇心。另一方面，增加评论回复的频率也可以提升粉丝的互动积极性，因为有了进一步的评论回复，更能够让好友参与进来，心里感觉到内容发布者是在用心参与问题的讨论和分享，从而带动其他粉丝的参与。

但是互动的手段并不是无意义的骚扰用户，而是在适当的时机进行一些互动回访，比如在当天的图文信息中增加一些意见沟通反馈的渠道，或者一些互动话题等方式。

三、创建老用户档案

每个人都喜欢被重视被关心，我们的用户也一样。当我们在与用户沟通时能对他的信息有基本的掌握，知道他的姓名、地区、喜好，等等，会让他觉得很亲切，像朋友一样，无形之中就增加了对你的好感度。如果这个用户之前咨询过问题，那么你应该及时跟踪他的问题是否得到了解决，是否满意、是否还需要别的服务和帮助，等等。

如果是购买过你的产品或者服务以及会员的老用户，那就更加需要特殊的关怀，以显示他们是特殊的，是受到尊重的。

四、让用户的体验更加生动、有趣、精彩

不仅仅内容要精彩，还要对内容的类型、形式、表现方法等进行精巧

布局，让用户的体验更加生动、有趣、精彩。

比如一家电商企业，采用了微信、邮件、短信、APP 等多渠道智能化营销解决方案，不但将品牌故事、打折促销、时尚潮流穿搭等内容搬到微信上留住老客户，吸引新客户，还利用内容结合微信小店、微信支付等实现微信盈利，而刮刮卡、大转盘、微信投票等游戏和互动内容还带来了粉丝的持续活跃度，再加之把微信与邮件、短信、APP 等渠道进行互通整合，微信粉丝持续增加。

五、增加订阅者可能感兴趣的内容

尽量采用不同的形式去展示，以点成线，以线成面地铺开扩散，自然会让读者感受到其中内容的丰富与立体。

比如公众号“微醺之美”，以洋酒的选择为切入点，丰富的主题涵盖了不同价格区间内高性价比洋酒的选择；威士忌与作家 / 文学；提升格调的葡萄酒常识；小调查“你是如何关注我的”；婚宴用酒选择；烈酒世界杯之巴西国酒；《滴水之神》酒类动漫；名人与他们好玩的饮酒名言；冷男故事；等等。这些说到底是产品内功的深度与知识点横向思考的累积。

六、引入一定的商业模式

毫无疑问，微信营销的目的就在于营销，有一些比较实用且有效的商业模式在微信营销中也可以使用。之前被人一直使用的“饥饿营销”方式可以在微信营销中以“商品抢购”的形式出现，在微信公众平台中引入“限量限时”抢购以此来增加用户的参与度；还可以在微信公众平台进行“商品竞拍”，类似淘宝等商城的购物形式也是一种有效的营销方式。这些商业模式会对用户心理产生关联影响，从而促使他们参与到公众号的互动中来。

七、塑造一个虚拟的核心人物形象

不少企业把自己的公众平台塑造成一个高大上的官方平台，其实这样效果并不好，塑造一个虚拟的微信品牌人物，塑造拟人化的亲近形象，更容易获得粉丝的好感，而围绕这个核心人物，以漫画、图文、视频、语音等多媒体形式，做一系列内容活动，有利于在信息爆炸以及用户碎片记忆中逐渐形成一个统一完整的品牌印象，不断强化品牌形象。

八、线下聚会

维护老用户的动作不仅仅局限在线上，还可以在线下举行，就像小米会定期举行“爆米花节”活动，邀请粉丝去狂欢。这是增加粉丝互动和黏性的最佳途径之一。我们可以进行同城的线下活动邀请，将一些老用户聚集在一起，可以开讲座、游戏、户外游等形式的主题。不仅增进老用户和你的感情，也增进了用户之间的感情，更容易营造归属感。

九、建立一套长期粉丝奖励机制

激励机制激励的重点是参与方法要简单便捷，奖励要立马兑现，且不断宣传这套机制以让人人知晓。如对参与微信转发、分享、提问、建议等任何互动行为的粉丝，提供一张刮刮卡，一张优惠券，一次抽奖机会；每月评选“十佳互动之星”；等等。这样做的好处在于，目标对象体积量大，奖励刺激性直接，参与实现容易，且有利于潜移默化培育粉丝形成自动的品牌传播互动习惯，保持了粉丝的活跃度。

十、抓取热点事件与公众号主题嫁接

这一条道理浅显易懂，效果也明显。问题是如何把握互联网信息中的每一波浪，让每一波信息的峰值都能呈现在订阅者的眼前。周期循环，久而久之才会引导订阅者养成打开的习惯。

建议尝试经常性地登录新浪微博风云榜、百度搜索风云等，加强对热点节日话题等的敏感性。反之，自己的习惯都无法养成，何谈让用户获益。

十一、充分利用生活中的素材

如果营销内容和生活中的素材相关，可以更容易让用户参与进来。生活中的点滴创意和琐碎事情、事物如果能够加以利用，在合适的时间和合适的地点发布到微信公众平台，也是能够引来流量，特别是创意且充满乐趣的事物更能够让微信公众平台的活跃度大大提升。

十二、额外奖励

可以在适当的时机提供给用户一些奖励，这些奖励是普通的用户拿不到的，凸显了老用户的独特性，并且也可以将老用户获得的额外奖励在公众号里公布出来。让所有人都知道作为你的老用户是会受到特殊待遇的，就给所有的用户一个信息，那就是赶紧成为你的老用户。提供的额外奖励可以是虚拟的，也可以是实物的，最好都是与本公众号相关的奖励，当然也要考虑到用户是否真的需要它，别送没用的东西，这只会让用户觉得又多了一些堆在角落里积灰的东西。

画龙点睛

★☆★★☆★

企业在微信营销中，也应该适当采用一些幽默、口语、网络流行语的表述方式，来拉近与粉丝之间的距离，鼓励其进行转发分享，并以此达到微信营销的目的。

》微信营销如何增加粉丝的忠诚度

粉丝数量决定不了微信营销的成功，但是粉丝群的忠诚度的高低，以及数量的多少，则是决定微信营销是否成功的关键指标。但是想要实现这一点却不是一件简单的事情。在提高粉丝忠诚度时，应注意以下几点技巧：

第一，淡化营销味道，避免引起用户反感。一味地广告只会让用户抛弃你。

第二，把握好发送频次，一周 1~2 次比较适宜，天天骚扰，用户肯定取消关注。

第三，需要大面积地吸收多元化的粉丝进入到你的公共账号平台，这是微信营销的基础。这时候可以通过其他多元化的渠道进行营销，吸收大量有可能转化成忠诚粉丝的用户群。

第四，内容经营是王道，趣味、简短、有吸引力，内容精度要做足，做好小范围的内测，改进后再发送。参考标准：让用户在 3 秒之内有兴趣继续看。

第五，搞好微信平台的精准定位。公众平台定位精准自然就能够吸引对这个行业非常关注的粉丝，从某种层面上讲就是完成了对粉丝的筛选工作，对那些不会转化成为忠诚粉丝的用户，通过精准的定位就能够筛选出来，从而为后续促进粉丝忠诚度提升做好了准备工作。

第六，灵活利用其他工具的配合使用，如微博、QQ、淘宝旺旺、邮件群发、短信群发等。

总而言之，公众平台营销已经成为当前重要的营销平台，也是公众平台不断发展的重要基础，因为现在越来越多的公众平台其广告效应越来越好，其核心因素就在于粉丝忠诚度较高，能够获得更大的广告效应。

画龙点睛

★☆★★☆★

促进销售和重复购买的几点建议：及时解答用户的提问，态度友善、热情、到位，十分钟内回复；尽量不要在发送内容里发送链接；做好用户分类基础上的贴心关怀，针对不同区域的用户发送祝福或提醒。

第四章 “微”言耸听

——建立微信营销平台的技巧

》 微信公众号的实名制与认证的方法

一、微信的实名制

《即时通信工具公众信息服务发展管理暂行规定》第二条明确了管辖范围，是在我国境内从事即时通信工具公众信息服务。而公众信息服务，是指通过即时通信工具的公众账号及其他形式向公众发布信息的活动。因此，该规定针对的仅是公众账号部分，其他功能不在这个规定规范范围内。

在公众账号注册过程中，后台要求完全真实身份信息，但前台可以有个性化的名字。

微信团队指出，实名制标准要求持身份证照片、绑定手机号、绑定银行卡三项标准符合一种即可。而目前微信公众平台其实已经采取了实名制，注册公众账号时，运营者必须提交如身份证等有效身份证件，同时上传本人手持证件的清晰照片。

二、微信公众号的认证方法

申请认证微信公众订阅号的步骤如下：

步骤一：百度一下微信公众平台，在搜索结果中点击官方网站打开（图 4–1）。

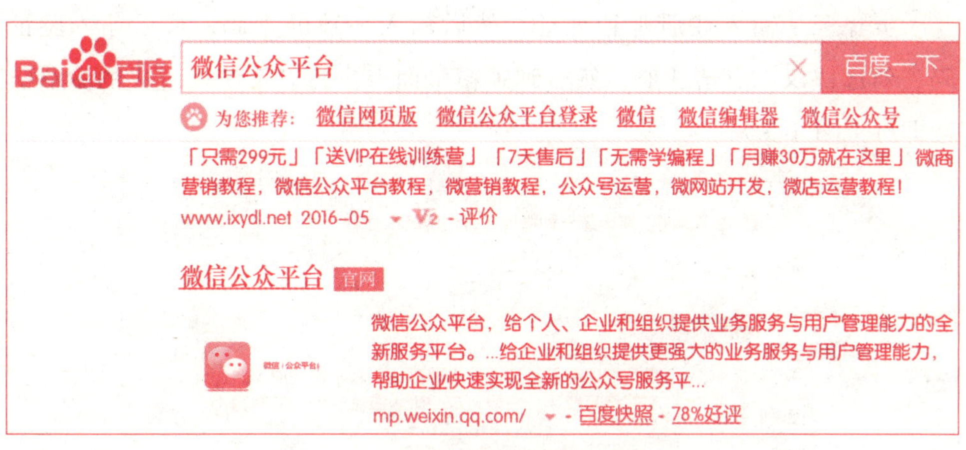

图 4–1 百度搜索中点击官方网站

步骤二：这时，点击上方的立即注册（图 4–2）。

第一次使用公众平台？ 立即注册 | 使用帮助

登录

记住账号 无法登录？

登录

扫描并关注
微信公众平台

图 4–2 立即注册界面

步骤三：输入注册邮箱地址，然后输入一致的密码，最后输入验证码、勾选协议，点击注册，然后到邮箱里面点击打开系统发过去的激活链接即可（图 4–3）。

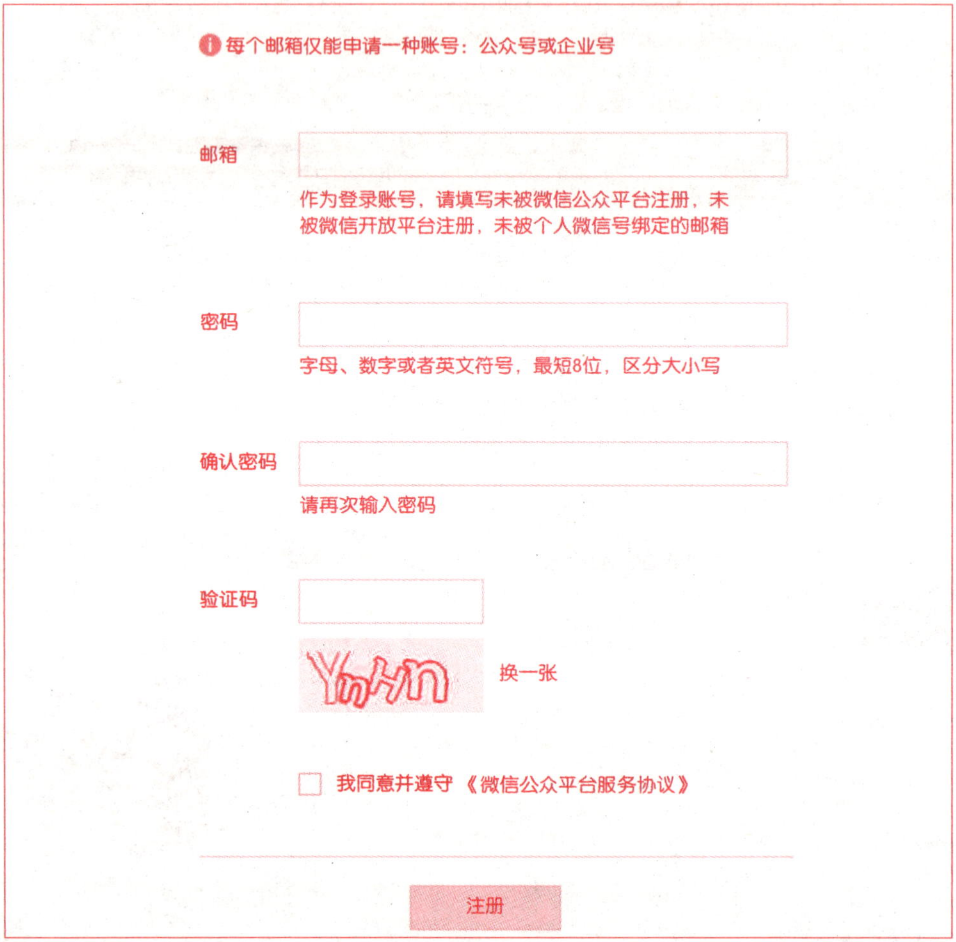

每个邮箱仅能申请一种账号：公众号或企业号

邮箱

作为登录账号，请填写未被微信公众平台注册，未被微信开放平台注册，未被个人微信号绑定的邮箱

密码

字母、数字或者英文符号，最短8位，区分大小写

确认密码

请再次输入密码

验证码

换一张

我同意并遵守《微信公众平台服务协议》

注册

图 4–3 微信注册界面

提示：一个邮箱地址只能申请一个微信公众号。

步骤四：选择公众号类型，假如是个人申请认证，这里选择订阅号作为例子作介绍，点击“选择并继续”（图 4–4）。

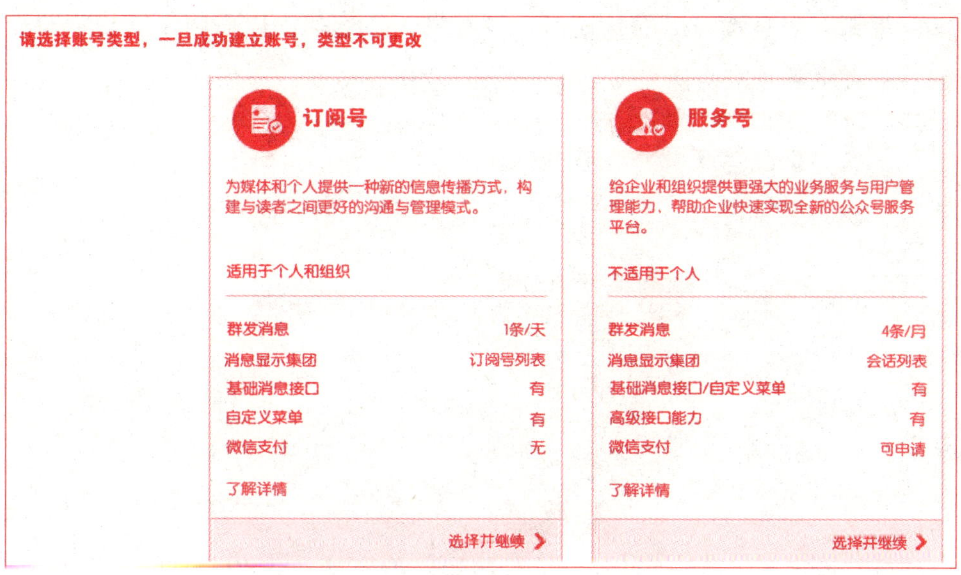

图 4–4 选择订阅号服务号界面

选择企业号界面，见图 4–5。

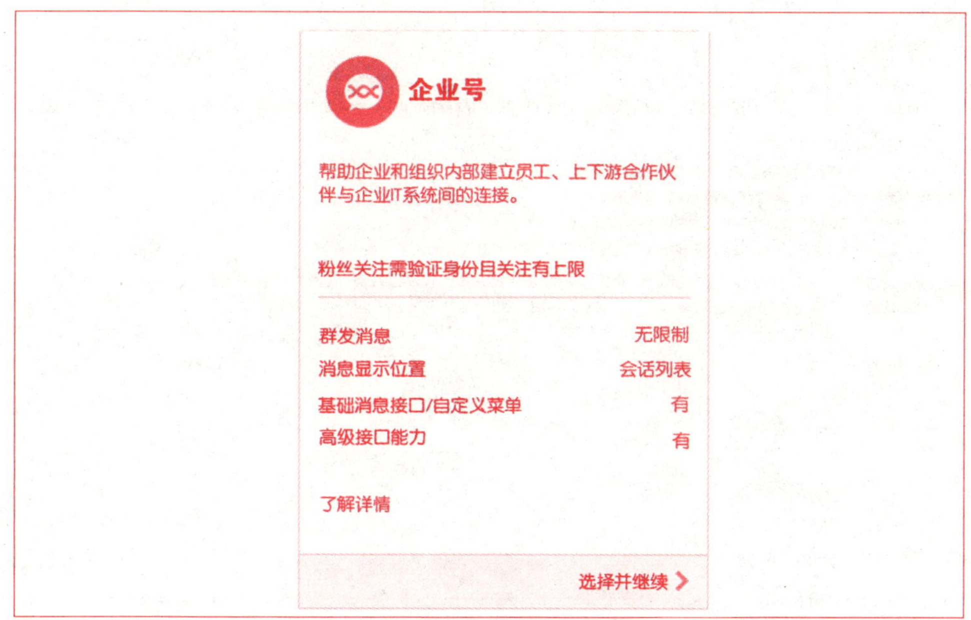

图 4–5 选择企业号界面

步骤五：系统弹出确认窗口，订阅号一经选择，以后将不能更换成企业号或者服务号，确认无误点击“确定”（图 4-6）。

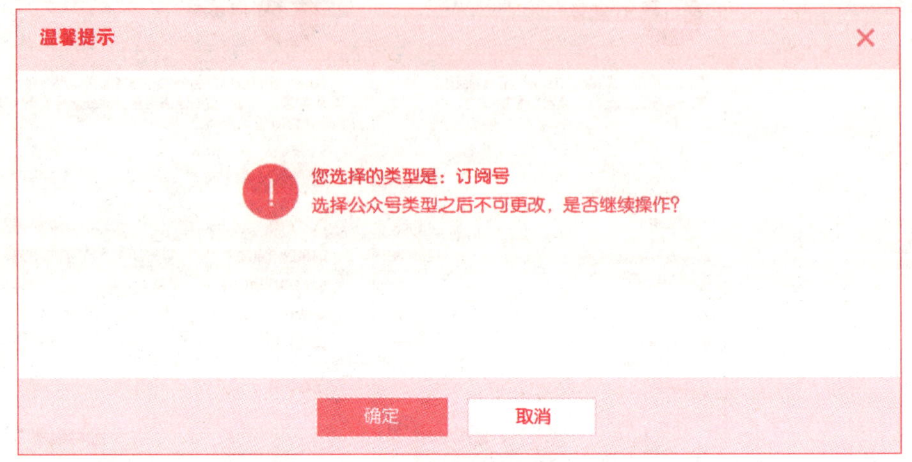

图 4-6 选择订阅号界面

步骤六：点击个人（图 4-7）。

用户信息登记

微信公众平台致力于打造真实、合法、有效的互联网平台。为了更好的保障你和广大微信用户的合法权益，请你认真填写以下登记信息。

用户信息登记审核通过后：
1. 你可以依法享有本微信公众账号所产生的权利和收益；
2. 你将对本微信公众账号的所有行为承担全部责任；
3. 你的注册信息将在法律允许的范围内向微信用户展示；
4. 人民法院、检察院、公安机关等有权机关可向腾讯依法调取你的注册信息等。

请确认你的微信公众账号主体类型属于政府、媒体、企业、其他组织或个人，并请按照对应的类别进行信息登记。
点击查看微信公众平台信息登记指引。

账号类型 订阅号

主体类型 如何选择主体类型？

政府 媒体 企业 其他组织 个人

上一步 下一步

图 4-7 选择个人界面

步骤七：输入身份证姓名、身份证号码。随后进行运营者身份验证，进行运营者信息登记，运营者手机号码输入，短信验证码输入，随后点击"继续"（图 4–8）。

主体信息登记

身份证姓名

信息审核成功后身份证姓名不可修改；如果名字包含分隔号"·"，请勿省略。

身份证号码

请输入您的身份证号码。一个身份证号码只能注册5个公众帐号。

运营者身份验证 请先填写运营者身份信息

运营者信息登记

运营者手机号码 获取验证码

请输入您的手机号码，一个手机号码只能注册5个公众账号。

短信验证码 无法接收验证码？

请输入手机短信收到的6位验证码

上一步 继续

图 4–8 输入信息界面

步骤八：系统弹出警示窗口，主体名称一旦确认将不可以修改，确认无误后点击"确定"。

步骤九：输入自己公众号的名称、公众号的描述以及地点，然后点击"完成"。

步骤十：提交申请成功。

画龙点睛

★☆★★☆★

即时通信工具服务提供者应当按照“后台实名、前台自愿”的原则，要求即时通信工具服务使用者通过真实身份信息认证后注册账号。

设计有吸引力的欢迎语

一、设计有吸引力的欢迎语的技巧

1. 设计语言精练、功能亮点突出的关键词和功能定位

在编写功能介绍的时候，大家应该用精炼的语言来展示账号的功能亮点，这样可以给人一目了然的感觉，让用户第一时间就能了解账号，从而提高账号被关注的可能性。

2. 设计生动有趣的功能介绍

可以将功能介绍打造成一段生动有趣的广告语，用一些修辞手法、语气词来修饰文字，并将账号名称融入其中，这种编写方式能够起到良好的宣传功效，有助于增加账号曝光率。

3. 设计实惠的服务吸引用户的关注

我们可以用优惠券、小礼品等做诱饵吸引用户关注，这样可以起到显著的关注效果。

二、编写有吸引力的欢迎语的方法

1. 注重礼貌用语

当用户关注之后，应当第一时间礼貌地和用户打招呼，或者对其表示感谢关注，这能很好地获得用户的好感。而且，礼貌用语应始终贯穿于整段欢迎语中，不只是为了客气，而是让用户有被尊重感，很显然，用户产

生这样的好感，必然会对公众号感兴趣。

2. 引导用户进行下一步动作

事实证明，了解越深，越容易拉近彼此的距离。微信公众账号若想快速提升用户的忠实度，就需要借助欢迎语来增加与用户的互动次数，告诉用户通过什么方式可以了解更多详情。这对于发掘潜在客户来说具有重要意义。

3. 凸显公众号的作用

这里强调的是要突出公众号能为客户带来什么这一重点，介绍公众号有什么作用，用户为什么要关注以及关注后有什么好处。把这点说清楚，用户将很快了解自己的需求，持续关注。

4. 帮助用户解决问题

在欢迎语里设置一段话，比如“如果您有什么问题，可以拨打我们的热线或者加微信私聊”。这么做的目的是，当客户有问题需要解决的时候，我们主动提供方法，引导用户更快处理问题。这也是博得用户好感的关键点。

5. 设置关键词导航

如果公众账号要介绍的内容比较多，那么可以设置关键词导航：一般来说，关键词要简单，阿拉伯数字、英文字母等都是不错的选择，当然也可以用汉字，但是字数一定要少。需要注意的是，每个关键词都要配以明确的回复内容，如“回复关键词 1：积分查询”、“回复 A：了解最新产品动态”，等等。这一方式能够瞬间增加用户活跃度，有利于提高用户对公众账号的依赖感。

画龙点睛

★☆★★☆★

一般来说，当人们第一次关注某个公众账号时，通常会收到该账号发来的信息。在微信营销中，我们将这一信息称为“欢迎语”，它是公众账号第一次与用户展开互动，如果吸引力足够大，将会给用户留下良好的第一印象；相反，如果欢迎语单调乏味，会在一定程度上削弱用户的关注兴趣。因此，设置一个有吸引力的欢迎语对公众账号来说意义重大。

微信公众平台素材管理

微信公众平台最常用到的就是群发消息，这种一对多、几乎百分百到达的传播方式，取代了短信群发，并且具有多媒体形态，还可以直接引导转化。因此编辑一条好的内容，挑选恰当的时候发送，既可以给用户带来有价值的信息，又有机会给公众账号带来新的关注和收益。

微信公众平台素材的编辑步骤如下：

步骤一：进入微信公众平台，然后点击图片位置中的素材管理。看到自己的图文消息列表（图 4-9）。

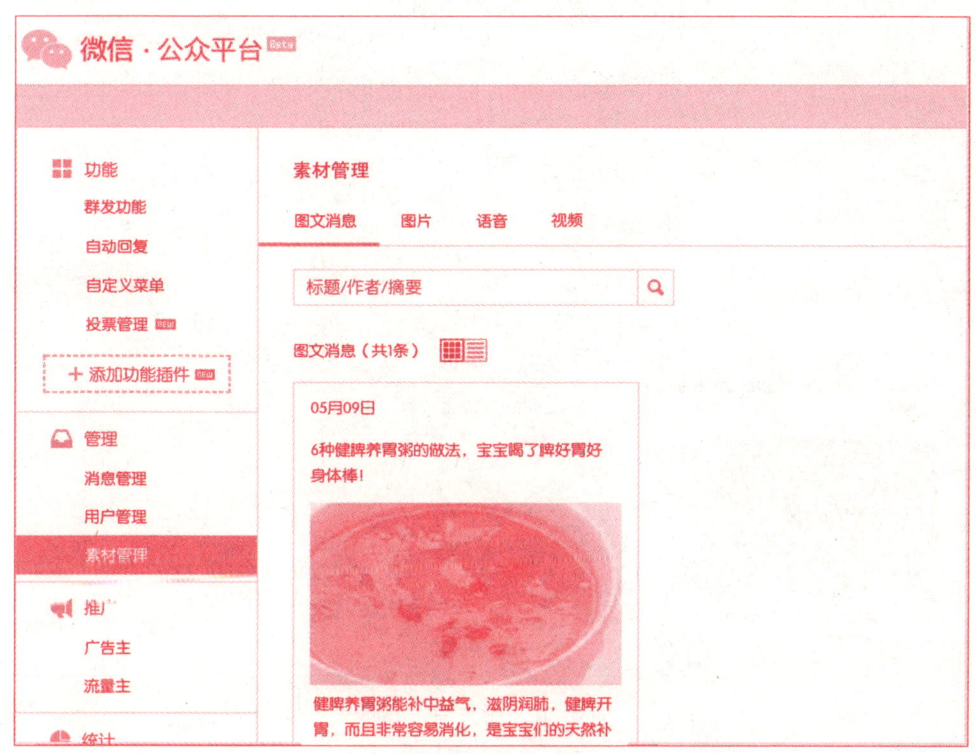

图 4-9 素材管理界面

步骤二：鼠标移动到加号上，会出现"新建图文消息"，点击进入（图 4-10）。

图 4-10　图文消息界面

步骤三：输入标题及作者（图 4-11）。

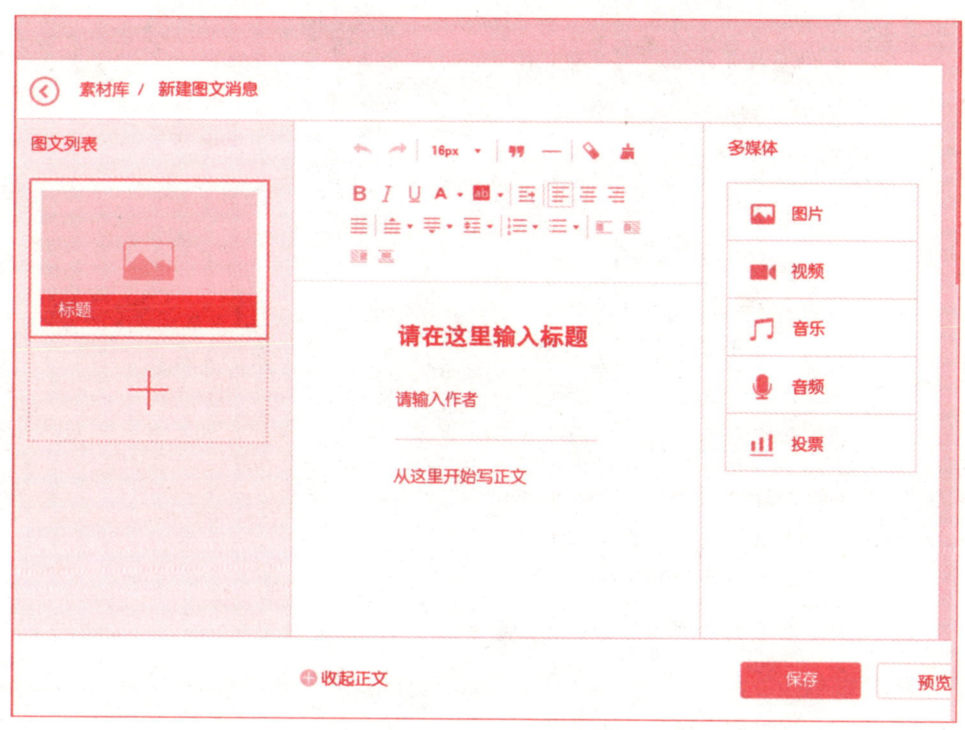

图 4–11 输入标题及作者

步骤四：编辑正文，正文中可以插入图片、视频、文字等。

步骤五：添加封面图片，鼠标移动到“本地上传”图片位置或者“从图片库中选择”，然后点击，这样就选择了封面这一栏（图 4–12）。

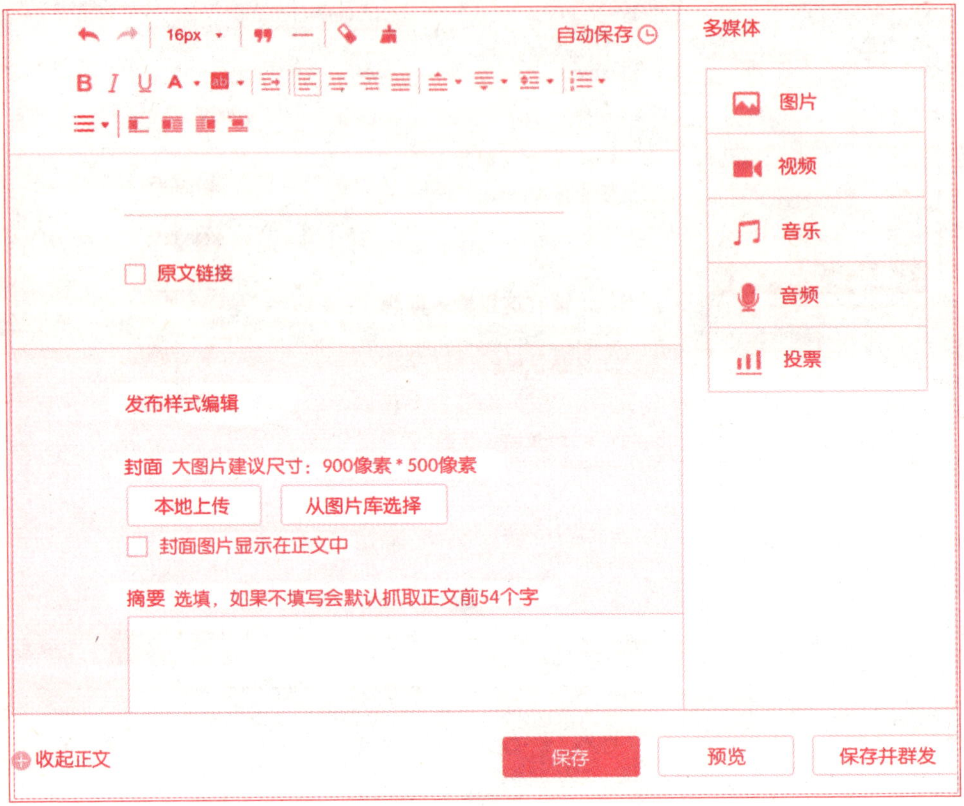

16px 自动保存 多媒体

B I U A

图片
视频
音乐
音频
投票

原文链接

发布样式编辑

封面 大图片建议尺寸：900像素 * 500像素

本地上传 从图片库选择

封面图片显示在正文中

摘要 选填，如果不填写会默认抓取正文前54个字

收起正文 保存 预览 保存并群发

图 4-12 封面图片的添加

步骤六：完成之后，点击“保存”。

画龙点睛

★☆★★☆★

对于微信公众平台，有一个好的素材，就相当于一个好的门面，素材的排版、图片的插入、视频的插入等都会是一种看起来很高端的使用手段。

打造精准的推送内容

微信营销应以内容为主，当内容有实用性、贴近性、趣味性，并满足粉丝分享的满足感、炫耀感时，微信营销可以说就成功了一大半。具有上述特征的内容，粉丝会主动分享，辐射到用户强关系链上的好友，促发更多基于真实关系的传播。那么究竟什么样的内容更吸引观众？这里为大家详细阐述一下内容编写过程中需要着重注意的几个方面。

一、主题

选择主题的方法很简单，人家可以根据账号类型来确立主题，如旅游主题、电影主题、饮食丰题等，也可以根据信息的实用程度来确立主题，如攻略方法、新鲜资讯等。

二、正文

在正文中，开头和结尾最为重要，因为用户对开头和结尾最为重视，这是由于这两个部分往往可以点明文章主旨，有助于人们快速了解主题。因此，在编写正文的时候，应该以“虎头凤尾”为原则。

三、文章风格

通常情况下，文章风格可以分为专业知识型、幽默搞笑型、促销活动型、文艺小资型、信息播报型和信息播报型等类型。

1. 专业知识型

比较适合户外、母婴、成人、电器、家居、内衣、保健、汽配类目商品，因为这类信息专业性强，并非日常生活知识，故内容可读性还是较高的，客户接受度高。

2. 幽默搞笑型

最适合成人类目商品和情侣相关的礼品类目，而且还可以和商品实现无缝对接。

3. 促销活动型

比较适合代购类商品、男性商品、日常必需商品、快销商品、标准化商品，因为具有稀缺性或是必需品，所以无须太多的技巧，直接推销的效果反而可能更好。

4. 文艺小资型

比较适合小众商品、外贸原单商品、高端价位商品，也是塑造品牌形象和品位的好方法。

5. 信息播报型

重在发送的信息是否切中用户的需要。

四、内容规划的要点

1. 原创

在这个信息爆炸的时代，原创的信息是最有价值的。因为每一个人的时间都很宝贵，谁都不愿意阅读千篇一律的文章。尽量多写一些原创文章，这会帮你吸引到更多的用户阅读你的微信公众账号。这就是“物以稀为贵”的道理。

2. 连载

连载的方式就跟电视剧一样，观众看完了一集，再更新第二集，这样能快速地引起用户的阅读兴趣，又不会造成用户的流失。

3. 分析和点评

当没有时间和精力写原创文章内容时，可以采取点评的手段来跟读者进行沟通互动，对于文章当中的观点提出自己的独特见解和分析，这也是创作内容的好方式。

五、内容亮点

要体现亮点，公众账号可以根据用户反馈提供相关信息，还可以结合时下热点，推送大众关注的内容。例如，一个旅游公众账号，在夏天来临之际，可以推送一些避暑胜地旅游攻略、旅途中降温或防晒的妙招等；在韩流盛行的时候，可以推送一些韩国旅游攻略、韩国民俗等资讯。只要有真材实料，用户一般都会有兴趣关注。

六、编排方式

微信有多种信息编排方式，如图文、语音、视频等，适当转变信息推送方式有助于保持用户新鲜感，能够提升用户的忠诚度。

画龙点睛

★☆★★☆★

此外，在编写信息内容时，要尽量避免这些问题：通篇文字、长篇累牍；东拼西凑、敷衍用户；不注重原创，四处复制、粘贴；等等。如果不能用心对待信息内容，那么用户也很难对公众账号产生信赖感，长此以往，账号的关注度势必会下降。

》编写醒目的信息标题

微信公众号发布的文章再精彩，没有一个吸引人的标题，就不会有人点击，更不会有人去愿意分享。写出吸引人的标题需要不断地总结与积累经验，那么，作为一个从没做过这种工作的新手，想要写出吸引人的标题，有没有什么捷径和方法呢？答案是肯定的。在编写标题时，可以参考以下几种类型：

一、设问引导型

标题是问句可以引发粉丝的共鸣，如果恰好粉丝也想要知道答案，他就会点击阅读。

例如，如果没有钱，会有爱情吗？网络成瘾，是精神病吗？车牌被盗，遭小偷勒索怎么办？

网络推手习惯用这种方式来吸引观众的眼球，他们认为，让观众产生共鸣是达到目的的前提，而这种前提就是要从正文中提炼出一句疑问型标题。综观网络上的文章，凡是用这种标题的文章，大多都是经过认真策划的，不过这不包括一些菜鸟的问题哦。试想，让观众产生共鸣，协同解决问题，是多么有效的推广手段啊。

二、名人效应型

所谓名人效应型是指微信标题内提到的名人越出名吸引力越大，这种以名人为背书的章，在微信上转发率较高。

例如，刘亦菲成山寨礼服王，赵雅芝年轻 20 岁的秘密，李冰冰最喜爱的几款包包。

蝴蝶能产生效应，明星同样能产生效应，而且这种效应是相当大的。记得北京奥运会的时候林丹夺冠后把自己的鞋扔向观众席，第二天某宝即出现不下 1 万元的林丹冠军鞋，这就是明星效应。大家都想利用明星来得到些什么，攀附上了名人名事名物，就等于给自己镀了一层金，这光环产生的效应是无穷尽的。

三、价值浓缩型

总结某个领域的知识，要发对用户有帮助并且需要的内容，越有价值的内容转发率越高。

四、强力吸引型

标题中，通常都会包含“最”、“必去”之类的词汇，这些字眼一看就让人忍不住点击，先转了再说。

五、悬念诱导型

激动、刺激的语言讲完，最后留下省略号，引发用户一系列遐想，让人必须点击了才知道后文。

六、大鸣大放型

例如，史上卖得最疯狂、N 次断货的女装；微营销让她从“公主”到身家千万。

林林总总的互联网信息到底有多少是真，有多少是假，我们根本无法得知。每当我们接触一项新知识的时候，总能看到很多高手写的文章，里面总是天花乱坠、五花八门，在感慨自己的奋斗史之外，还不忘把一些成功的数据扩大好几倍来告诫后来者，鼓励后来者，这方法一定程度上非常有效，如果能天衣无缝地把数据嵌入文章中，那么就是成功的，反之，你得到的将是观众的唾骂。

七、热点效应型

结合最新的热点事件、节日、季节内容，标题直接说出主题，及时地将内容发出。

八、标新立异型

这种标题通常内容违反人们的常识，毋庸置疑，这种标题一定会吸引人的眼球。

九、数字点题型

数字概括型，让人首先觉得知识含量高，而且迫切想要知道到底是哪几点，这种类型简单明了，也非常有利于手机阅读。

十、双题反映型

主标题两个字，点题之笔，引人注目，然后副标题详细说明主要内容，两个标题互相说明，互为补充，既说明了问题，又吸引眼球，达到编写醒目标题信息的效果。

画龙点睛

★☆★★☆★

撰写一篇好的微信文章，最重要的环节是要有一个好的标题。一个好的标题往往影响着你的文案是否能够吸引人，容不容易被人们记住，你的传播软文能否流传得很广。

》把握推送的最佳时间

一、推送时间的一般选择

周一到周五的工作日一般选择晚上 9 点推送。这是因为晚上 9 点的时候，用户已经到家，并且已经吃过晚饭，但还没有睡觉，手机已经连上 Wi-Fi。网速对图文打开速度有很大影响，所以打开后的图文阅读会更加流畅。没有及时阅读到推送的用户，在次日上午的上班高峰时间，也能在手机上阅读。

而双休日的推送时间可以稍微晚一些，因为现代人睡懒觉的会比较多，双休日赖床的时候习惯看微信、微博，可以选择在 7~8 点推送。早上推送的话，按照推送时间，会默认排列在所有订阅号的最前面，打开率会比较高，而且订阅号折叠后，不会因为震动或铃声影响用户早晨的睡眠。

二、对推送时间的精准把握

在把握推送时间时，应具体问题具体对待：

如果公众号要推送的内容是一些笑话、小段子、小常识等适合快速阅读的“快消品”，就可以考虑在早中晚发，时间碎片化、而且不需要集中精力去深度阅读，用户轻轻一瞟就好。但是如果是需要深度阅读的话，可以考虑晚上群发，夜深人静适合思考。

如果公众号每天固定时间推送，特别是带了“晨读”、“夜话”、“午间”、“十点”等时间提示明显的名称，已经培养了用户习惯，就千万不要轻易改变群发时间。

因为每个公众号的定位和文章都有自己的特色，也可以通过对用户进行调查作出最佳的选择。进行用户调查时可以设置3个调查项，关注公众号数（判断有多少竞争对手）、喜欢哪一类公众号（判断自己的号是不是用户最钟爱的类型）和希望群发的时间。

画龙点睛

★☆★★☆★

如果从总体上要评判微信公众号最佳群发时间，必然是晚上9~10点，但是每个公众号又都有自己的特色，可根据自己的实际情况进行调整，以便阅读效果最大化。

微信用户管理技巧

当我们开通了微信公众号，并积累了一定的用户后，就可以为不同类型的用户分组，可以分类发送不同的定制化信息。这里简单介绍在微信公众号中对用户进行管理的一些技巧与方法。

具体步骤如下：

步骤一：打开微信公众平台的登录页面，输入你的微信公众平台的用户名和密码登录；

步骤二：进入微信公众平台后，打开管理选项下的用户管理项（图 4-13）。

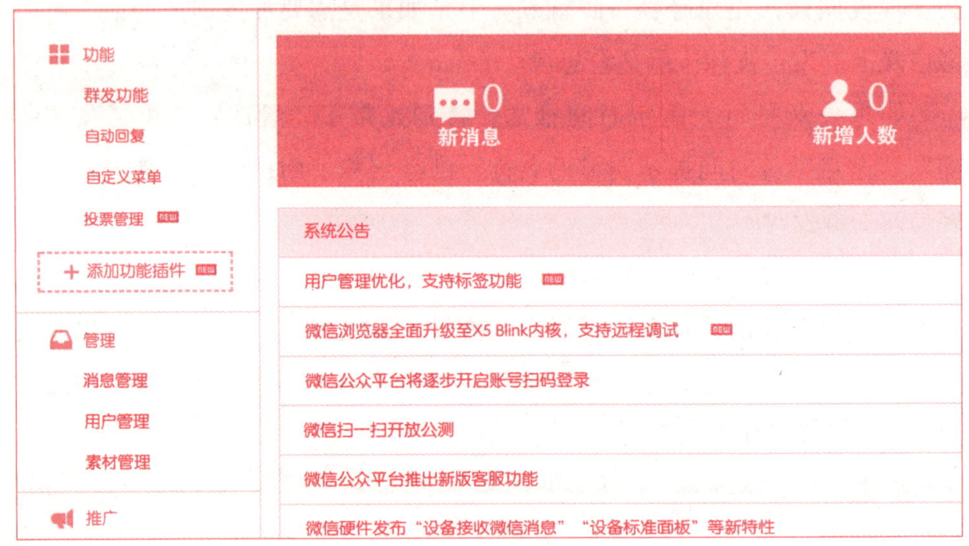

图 4-13 用户管理界面

步骤三：对于过于庞大的用户群，最好的管理办法就是对用户进行分组管理，点击新建分组；

步骤四：输入分组名称，并确定保存分组名称；

步骤五：勾选你需要添加某个分组里的用户；

步骤六：打开全选旁边的下拉菜单，选择你需要添加到的分组；

步骤七：对微信公众平台里一些特别重要的用户，可通过修改备注来方便记忆，点击对应用户后的“修改备注”；

步骤八：输入备注，然后点击“确定”即可。

画龙点睛

★☆★★☆★

微信公众平台越来越火，越来越多的单位和个人加入到微信公众平台上，在这里他们尽情地展现推广自己，为关注它的人们提供各种资讯和服务。如果你的微信公众平台只有10个用户时，也许你不需要对这些用户进行管理，可当你的微信公众平台里有上万个用户时，你就需要考虑如何去管理这些用户。

关键词自动回复

一、关键词自动回复功能介绍

在微信公众平台设置关键词自动回复，可以通过添加规则（规则名最多为60字数），订阅用户发送的消息内如果有设置的关键字（关键字不超过30字数，可选择是否全匹配，如设置了全匹配则必须关键字全部匹配才生效），即可把设置在此规则名中回复的内容自动发送给订阅用户。

二、关键字自动回复的规则

1. 字数限制

微信公众平台认证与非认证用户的关键字自动回复设置规则上限为200条规则（每条规则名最多可设置60个汉字），每条规则内最多设置10条关键字（每条关键字最多可设置30个汉字）、5条回复（每条回复最多可设置300个汉字）。

2. 规则设置

可通过微信公众平台设置多个关键字，如订阅用户发送的信息中含有设置的关键字，则系统会自己回复。

同一规则中可设置 5 条回复内容，如设置了“回复全部”，粉丝发送信息中含有设置的关键字，设置的多条回复会全部发送；若未设置“回复全部”，则会随机回复。

3. 关键字设置

（1）每个规则里可设置 10 个关键字，若设置了相同的关键字，但回复内容不同，系统会随机回复。

（2）每个规则里可设置 5 条回复内容，若设置了多个回复内容（没有设置“回复全部”），系统会随机回复。

三、关键词自动回复设置步骤

进入微信公众平台，点击图片位置中的自动回复，我们会看到页面右侧有三种自动回复设置信息：被添加自动回复、消息自动回复、关键词自动回复。三种自动回复消息的设置方法如下。

1. 被添加自动回复

这里是给新关注用户设置欢迎信息的地方，每当有新用户关注你的官方微信账号时，系统就会自动发送这里的内容给用户。这里的设置很重要，所有用户都是通过欢迎信息来了解学习使用你的平台账号。

设置方法：点击“被添加自动回复”后，在回复信息编辑框中编辑好文字，语音，图片信息，点击保存即可（图 4-14）。

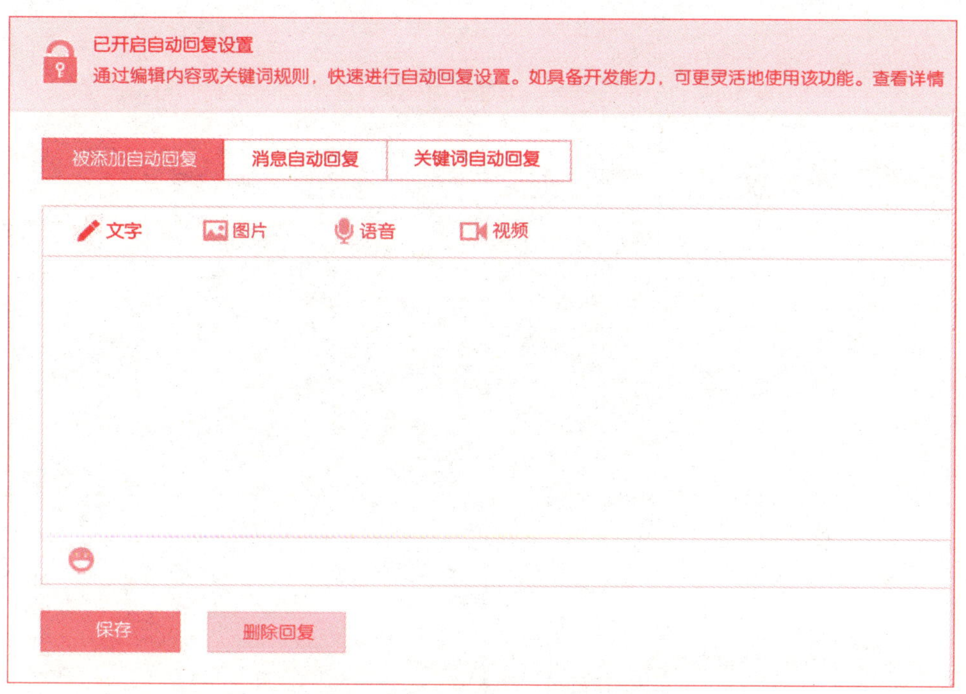

图 4–14 被添加自动回复

例如，输入以下文字信息并点击保存：感谢您的关注，小蜻蜓每天发布宝宝实用营养饮食，为宝宝的健康生活保驾护航（图 4–15）！

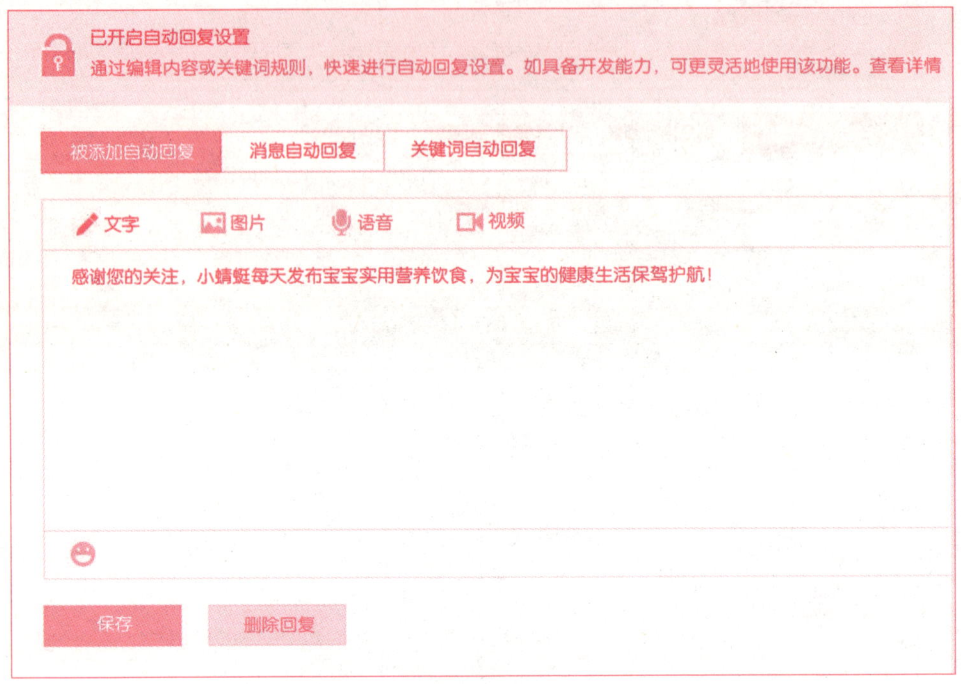

图 4–15　被添加自动回复保存

2. 消息自动回复

如果用户发送一些你没有在后台设定好的关键字或无效信息，系统就会发送这里的内容给用户，用于提醒和帮助引导用户使用正确的关键字进行查询。

设置方法：点击“消息自动回复”，在内容编辑框中编辑文字、图片等内容，点击保存即可（图 4–16）。

图 4-16 消息自动回复界面

例如，输入以下文字信息并点击保存：“非常感谢您的支持，如果您觉得小蜻蜓的文章能给您及朋友带来帮助，欢迎您分享给更多有需要的人，谢谢。”那么，关注你的微信公众平台的粉丝在给你发非关键词时，便会收到以上信息（图 4-17）。

图 4–17　消息自动回复界面保存

3. 关键词自动回复

这里是微信公众平台的内容中心，所有需要实现交互的内容都是在这里添加，你可以设定关键字绑定之前做好的素材内容，用户就可以通过关键字来精准查找他们需要的信息。

设置方法如下：

第一步：点击“关键词自动回复”，进入关键词自动回复设置页面（图 4–18）。

已开启自动回复设置
通过编辑内容或关键词规则，快速进行自动回复设置。如具备开发能力，可更灵活地使用该功能。查看详情
被添加自动回复
消息自动回复
关键词自动回复
+ 添加规则
暂无创建规则

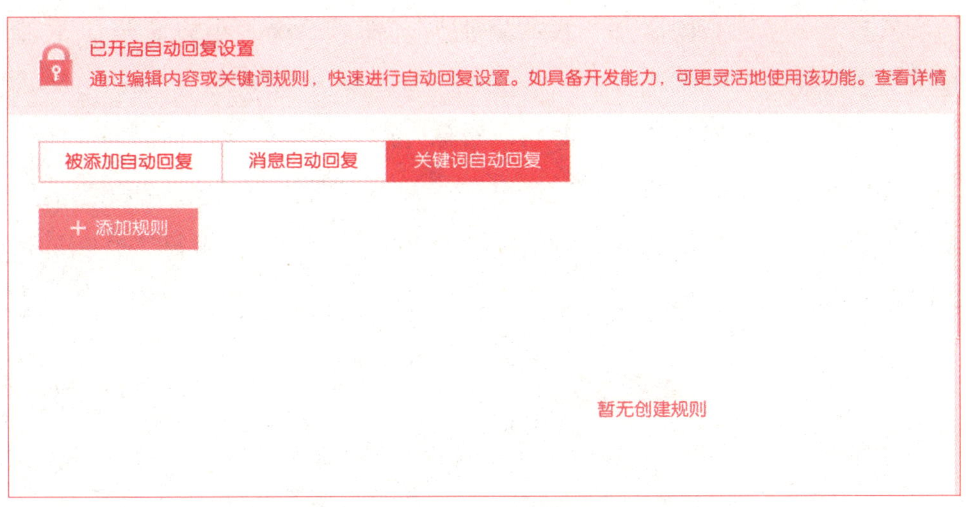

图 4-18 关键词自动回复设置

第二步：点击“添加规则”（图 4-19）。

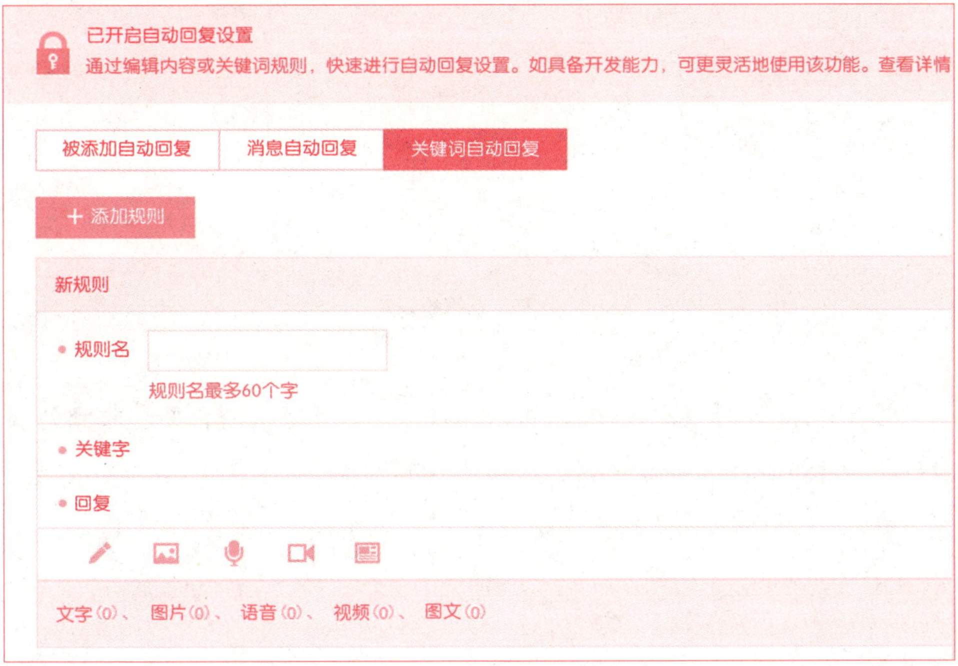

已开启自动回复设置
通过编辑内容或关键词规则，快速进行自动回复设置。如具备开发能力，可更灵活地使用该功能。查看详情
被添加自动回复
消息自动回复
关键词自动回复
+ 添加规则
新规则
规则名
规则名最多60个字
关键字
回复
文字(0)、图片(0)、语音(0)、视频(0)、图文(0)

图 4-19 添加规则

第三步：输入规则名并“添加关键字”（举例命名“小蜻蜓导航”，添加关键字“在吗”、“你好”）。

第四步：填写回复信息，即粉丝给你发以上指定的关键词时回复的信息（举例回复信息输入如下：“您好，非常感谢您关注小蜻蜓，如果您有问题或者建议，欢迎您提出来，我们将会虚心接受您的宝贵意见，并在适当的时候反馈到您本人，谢谢”）（图 4–20）。

图 4–20　小蜻蜓导航

那么，你的微信公众号的粉丝给你发信息“你好”时，便会收到公众号自动回复的信息。

第五步，最后一定要记得点击“保存”，否则你的心血就白费了。

画龙点睛

★☆★★☆★

当我们申请微信公众平台之后，就需要花很多时间去经营这个平台，从而达到与关注平台的用户互动的效果。这在有人值守这个平台的时候很容易实现。那么，如果有人暂时离开，比如说下班以后没人照看这个平台了，我们又该如何达到与用户互动的效果呢？这就需要我们使用微信公众平台高级功能里的关键词自动回复了。

设置高级功能的技巧

高级功能包括“编辑模式”和“开发模式”，两种模式皆可使你所运营的公众账号个性化，如具有“自定义菜单”等功能。

一、编辑模式介绍

1. 基本内容介绍

“编辑模式”包括“自定义菜单设置”和“自动回复设置”功能。开启后即可使用“编辑模式”，关闭则停用。

2. 自定义菜单

你可通过简单编辑定义公众号的自定义菜单内容，使订阅者通过点击菜单按钮收到你设定的消息。

点击“使用此功能”开启“自定义菜单”功能，即可开始编辑自定义菜单。

“添加”1个自定义菜单，并为其设置菜单名称。1级菜单至多添加3个。

“添加”1个二级菜单，并为其设置菜单名称。2级菜单至多添加5个。

设置点击菜单按钮发生的动作，动作类型包括发送消息（包括图片/文

字 / 视频 / 语音 / 图文类消息)。不可对已有二级菜单的一级菜单再设置点击一级菜单按钮产生动作。

点击“排序”可对菜单顺序进行调整。

点击“预览”可查看当前设置的菜单将在订阅者手机客户端展示的情况。

二、开发模式介绍

1. 基本内容介绍

“开发模式”针对具有开发能力的公众平台运营者，开启后即可使用公众平台提供的接口，自定义你公众号的“自定义菜单”、“消息按钮”、“收发用户消息”等功能。

2. 查看文档

查看文档了解公众平台所提供的接口。

3. 成为开发者

完成指定操作，成为公众平台的开发者，并可以开始自定义你的公众账号功能。

画龙点睛

★☆★★☆★

“编辑模式”和“开发模式”不能同时开启，例如：你已经通过设置“开发模式”成为“开发者”，使用微信公众平台提供的接口，若继续设置并使用“编辑模式”，则你在“开发模式”中的设置将失效，需关闭“编辑模式”并重新开启“开发模式”，才可使你在“开发模式”的设置生效。

》订阅号如何设置自定义菜单

（1）登录微信公众号，点击左侧“自定义菜单”（图 4–21）。

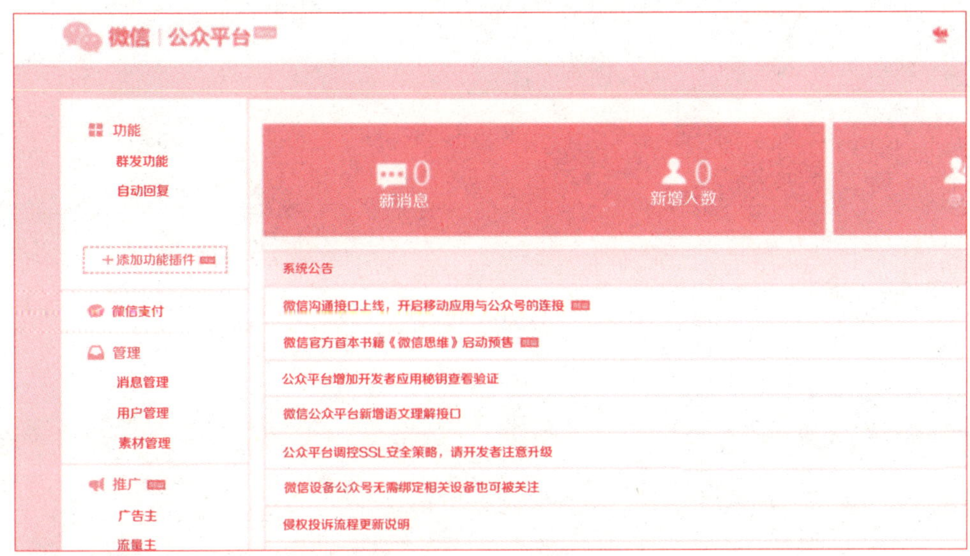

图 4–21 自定义菜单界面

（2）添加一级菜单，例如“公司介绍”（注意：最多可创建 3 个一级菜单）（图 4–22）。

图 4-22　添加一级菜单界面

（3）添加二级菜单，例如公司简介、公司新闻、公司品牌、员工风采、公司地址（注意：每个一级菜单下最多可创建 5 个二级菜单）。

（4）图文信息建立：标题及公司简介，然后上传封面图片，其次在正文填写公司简介文字及图片，最后保存。

（5）一、二级菜单都设置好后，就需要开始“设置动作”，即点击菜单后展现的内容。鼠标移至二级菜单，右边会有提示设置动作的方式：发送信息和跳转至网页两种。如果有移动端网站可以选择跳转至网页，如果没有网站就选择发送信息。

（6）点击发送信息会跳转至信息建立页面，有文字、图片、语音、视频、图文信息五种选择。一般最常用为图文信息。

（7）保存图文信息后会跳转至素材管理界面，再点击自定义菜单，找到公司简介这个栏目，设置动作—选择发送信息—选择图文信息—选择刚才建立的公司简介的图文信息，点中勾选—确定—最后保存，公司简介的菜单就设置好了。同样建立其他菜单动作即可。

推销二维码的方法

一、了解二维码

二维条码/二维码是用某种特定的几何图形按一定规律在平面（二维方向上）分布的黑白相间的图形记录数据符号信息的；在代码编制上巧妙地利用构成计算机内部逻辑基础的“0”、“1”比特流的概念，使用若干个与二进制相对应的几何形体来表示文字数值信息，通过图像输入设备或光电扫描设备自动识读以实现信息自动处理。

二、二维码营销平台的优势

二维码营销平台具有以下几个方面的优势：

（1）生码便捷，易操作；

（2）放码随意，模式无限；

（3）超低投入；

（4）扫码简单，直接目标。

三、微信二维码营销技巧

1. 有较强的吸引力吸引客户扫描

手机网站必须有足够的诱惑力，解决顾客的问题，如售后、优惠，还有其他大量顾客想阅读的信息。

2. 必须建立移动版网页

必须建立移动版网页，整个网页必须为手机设备优化，能快速加载页面，并且适应不同的手机浏览器类型和屏幕大小。如果不能提供，简单地放一段文字和微博链接等内容也可。

3. 内容编排要简洁

通过对移动设备的使用者心理进行调查，发现用户只喜欢一个维度的内容，稍微复杂的分类，用户就很可能关闭网页，所以在编排内容时应简洁清晰。

4. 把二维码放在合适的地方

最适合的地方就是大家得空的地方，如公交车站的灯箱、餐厅的桌角、电影院排队的地方。

二维码营销平台是一个以电子优惠券为核心的协助企业促销推广的平台，企业、商户通过此平台创建营销活动，制定活动规则，根据营销活动的类型提供编码、发码、验证、履约统计、评价交流服务。适用于团购、积分消费、折扣兑换券、VIP 凭证等业务，以二维码为纽带，融合移动互联网、自动识别技术，精准投放优惠券，用电子化手段促进和帮助企业实现精准营销。使得活动可评价、可控制，安全环保，满足企业各类商业模式，并为营销活动提供具有良好体验性的电子化支持。

画龙点睛

★☆★★☆★

二维码怎么用是非常有讲究的，用户不是看到任何二维码都会去扫描，只有对产品感兴趣，才会扫描。二维码营销的基础应用就是引导用户进入手机网站，直接看到希望消费者看到的内容。从这点出发，必须在制作、展示、用户扫描和查看的每一个环节，充分考虑用户的习惯和心理。毕竟掏出手机，找到扫描软件，对准二维码扫描，是一个有点麻烦的事情，你不为用户考虑，用户就会抛弃你。

》 接入第三方应用的技巧

无论你使用的是哪个微信第三方平台，接入的方式都是一样的，主要是第三方平台的 API、微信官网的 AppID（应用 ID）和 AppSecret（应用密钥）。

具体步骤如下：

步骤一：首先登录云微信平台，注册账号。

步骤二：注册之后登录。

步骤三：登录会员中心之后看到左侧导航有一个“添加公众账号”按钮，点击添加公众号。

步骤四：看到添加微信号需要的内容，这些都是可以在微信官网里获得的，圈出来的为必填的，填了之后不能更改，没有圈出来的也需要填，这样才能接入权限，但是可以暂时不填，本教程会一次性填完资料。

步骤五：登录微信官网平台，并且登录你的微信账号。

步骤六：点了公众号设置之后，你会看到右边有名称、微信号、原始 ID。

步骤七：再点“开发者中心”。

步骤八：按照箭头所指，把接口“启用”、AppID（应用 ID）和 AppSecret（应用密钥）找出来。

步骤九：回到云微信营销平台，按照上面找的资料填写，微信类型按照你自己的来选择，APPID（服务窗）不用填，直接保存即可。

步骤十：添加之后把 API 接口链接找出来。

步骤十一：复制以上数据，返回微信官网——开发者中心，点击一下“保存”，完成接入。以后需要什么功能都是在第三方平台管理，但是群发信息还是在微信官网上设置。

画龙点睛

★☆★★☆★

现在微信营销的第三方平台很多，选择第三方平台可以快速地帮助你建立自己的微信公众账号，简单地修改就可以实现很多简单或者复杂的功能。

》怎样与陌生的微信用户沟通

现在很多微商在第一次和好友聊天时就太快地去进行一些很露骨或是带煽动性的话题，例如，“你想学习技巧就打钱给我，我马上告诉你”，“你相信我们一定会带你赚到钱”，等等。我们做微信营销，第一次和陌生好友聊天是不适宜去做产品销售引导的，太急功近利反而会得不偿失。那如何才能打开话题使对方产生好印象，又能为以后建立一种信任关系呢？下面就介绍几种与陌生微信用户的沟通技巧。

一、与陌生微信用户沟通的技巧

（1）学会与客户交流而不是官方式的问答。交流就是让顾客明显感觉话是对他说的，有互动。这个也可以用在我们平时追单上，不要一味用那句话：看您还没有决定，不知道还有什么可以帮您的吗？换一些有针对性的，如“您之前说考虑一下，现在什么情况啦？”“我等得花都谢了，您还没决定呀”，等等。

（2）使用自然的语气。说话尽量实在、自然，就像现实中和人交流一样。

（3）千万不能站到顾客的对立面。不管是议价、售后，还是其他异议问题，你都必须和顾客是共同战线的。你要表现出“兄弟，我是你一边的”，顾客不是在和你议价，而是和公司议价和主管议价，你只是导购。当然，要成为朋友，偶尔一起抱怨一下公司、抱怨一下控价都是可以接受的。

二、如何建立信任感

我们做销售时，90% 的时间都用于取得客户的信任。只要我们得到了顾客足够的信任，顾客自然就会购买我们的产品，而且顾客对我们的信任度越高，购买我们产品的概率就越大。我们在微信中销售产品，要请更多信任的人来给我们做顾客见证，以快速取得顾客的信任。

在与客户建立信任感时，可以参考以下步骤：

第一天：第一次聊天作为开始比较重要，尽量不要聊到产品。聊天用请教式开始，像这种问题一般人都会和你聊天，因为人都喜欢被肯定、被赞美。

第二天：要改变称呼，比自己大的男性叫哥，比自己小的就叫帅哥，女性比自己大的叫姐，比自己小就叫美女。第二次沟通主要聊一些生活相关的事情。不要聊产品和行业，这样有利感情的增进。

第三天：找一个和他共同讨论的话题，并且从侧面宣传自己团队的能力，但不能刻意去传播，否则人家会反感。聊到差不多时，找借口说有代理找我，或要发货等，让对方觉得你忙碌，引起对方的注意。

第四天：和他闲聊中提起昨天聊的代理，说他关注了好久，今天终于打米过来了，要感谢 ×× 哥你教我的方法。选择适当的时候建议他：我们有内部培训课，你要不要进去听听？

第五天：聊一些有关资源共享的话题，如何运用现有的资源产生不一样的收入等话题，举例说明，然后引导他进入我们团队，介绍我们团队的优势与运营方式。

第六天：尽量不要联系他们，给他充分的时间让他考虑。

第七天：从侧面开始传播爆料，发展了多少代理和资源如何共享，以及最低合作方式，从而让对方接受你。

画龙点睛

★☆★★☆★

如今的微商已然不是个人与个人的竞争，而是团队与团队的竞争，模式与模式之间的较量。因此，微商要赚钱，选择好团队才是真正的出路！

微信营销的工具

微信营销工具是全能型微信营销平台，提供多行业全功能微信营销功能、提供不同行业的企业微信营销推广平台、为商家提供极具交互能力的微信客户营销服务功能。现在笔者来给大家介绍一下微信可以用来营销的工具都有哪些。

一、签名位置

在签名档上放广告或者促销的消息，用户查找附近的人的时候或者摇一摇的时候会看见。

这种方式能很有效地拉拢附近用户，方式得当的话转化率比较高，不足之处是覆盖人群可能不够大。适用产品：类似肯德基这种位置决定生意的店铺。

二、朋友圈

“朋友圈”是一个由熟人、半熟人组成的“关系圈”，是现实社交在网络世界的延伸，也是个人获取信息的重要渠道。在“朋友圈”中，有同学、家人、亲戚、同事，大家共同组成一个规模不等的圈子。

这种方式可以将手机应用、PC客户端、网站中的精彩内容快速分享到朋友圈中，支持网页链接方式打开。这种方式交流比较封闭，口碑营销会更具效果。适用产品：口碑类产品，或者私密性小产品。

三、漂流瓶

微信漂流瓶是一款非常实用的功能，我们可以在微信中发送自己的瓶子，也可以捞取别人向海里扔出的瓶子，然后通过微信漂流瓶应用，我们可以非常方便地采用随机方式来推送消息。

不足之处是针对性不强，又因为用户使用漂流瓶的目的是排遣无聊之情，所以在这里做营销的话如果方式不正确极容易产生反作用，使得用户对品牌或者产品产生厌恶之情。此外，每个用户每天只有20次捡漂流瓶的机会，捡到瓶子的机会是比较小的。适用产品：已经有了较大知名度的产品或者品牌，做漂流瓶推广来扩大品牌的影响力。

四、公众平台

这种方式是微信认证账号，品牌主页，其推送的对象是关注你的用户，所以关系比较亲密；到达率100%。不足之处是如果用户关注了20个品牌，每个品牌每天推送3条信息，那这些信息就显得有些扰民了。

画龙点睛

★☆★★☆★

微信营销工具为商家构建微官网、微商城、提供二维码及相关移动营销功能，协助企业实现O2O、提供智能机器人、优惠券、抽奖、会员卡等功能，高效，免人工。

发掘广告主、流量主的潜力

一、认识广告主和流量主

广告主是指有广告需要寻找投放资源的商家。成为广告主的条件：首先是注册一个微信公众号，然后需要通过微信认证。成为广告主之后最主要的功能是上传广告物料，广告物料可以是多种形式的，比如文字、图片、图文、视频，再加上最近新增的APP推广等。

流量主是接收广告主物料，并为之投放广告，获得广告收益的人。相当于PC时代的网站站长，用广告的方式把流量变现。

广告主和流量主界面见图4-23。

二、广告主和流量主的区别

广告主可定向投放广告，精准推广自己的服务。微信公众号可以成为广告主。广告将展示在公众账号图文消息底部，以文字链接形式出现。广告主可新建和管理广告，可查看广告效果，还可查看财务数据并进行充值。

流量主可提供广告展示，按月获取收入。

公测期间关注用户数10万以上的公众账号可成为流量主，提供广告展示，获取收入。流量主可查看广告展示效果。流量主可添加广告主黑名单和关闭流量开关。流量主可查看财务数据。

三、微信广告主以及流量主功能的使用

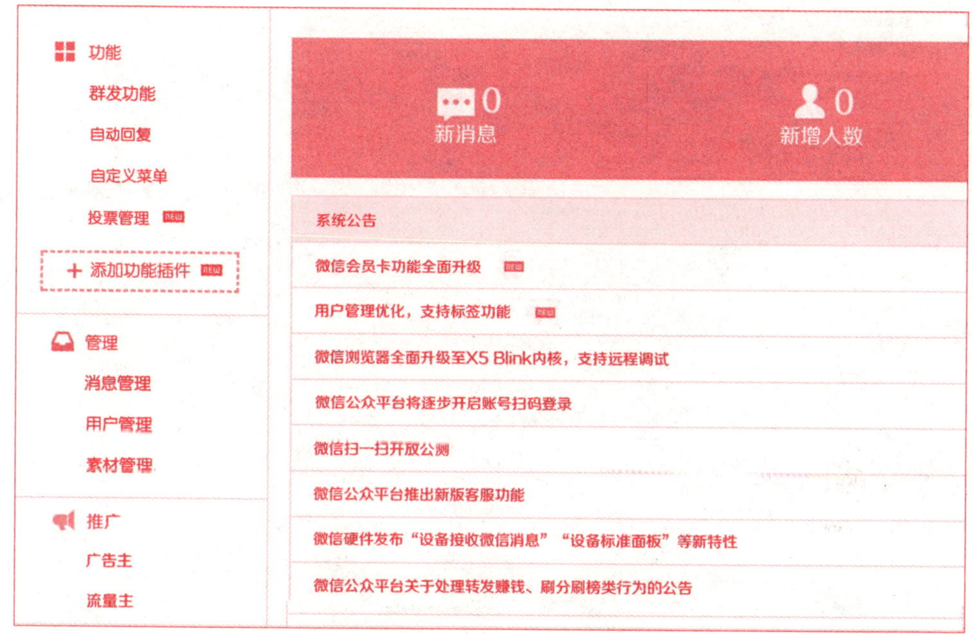

图 4-23 广告主和流量主界面

步骤一：目前的广告主支持的行业还比较少，所以在申请开通的时候最好先咨询一下客服，问清楚自己能够选择哪种行业再提交申请。

步骤二：开通原创功能的公众账号达到 1 万关注用户才能申请开通；未开通原创功能的公众账号达到 2 万关注用户才能申请开通；同一主体最多只允许 20 个公众账号申请开通流量主。流量主界面见图 4-24。

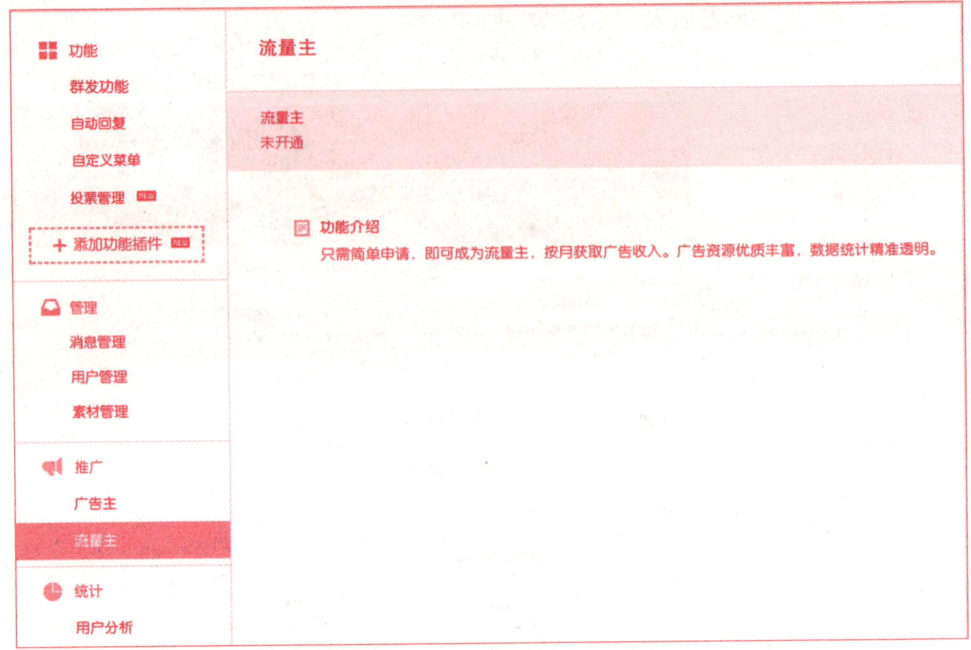

图 4-24　流量主界面

步骤三：推广的标题写好之后就可以编辑文章了，然后选择投放的时间段和人群。

画龙点睛

★☆★★☆★

在 PC 互联网的早期，草根站长通过广告把流量变现，现在也一样，移动互联网时代的微信公众号运营者，通过广告把粉丝与流量变现，前者成本可能更高（需要带宽、域名、服务器空间、建站程序），而后者更简单方便，只需要提供有价值的内容。

第五章　积“微”知著

——微信营销发掘客户的技巧

设计有个性的二维码

无论是在营销之中，还是进行个性展示，以往的黑白标准的二维码都难以吸引用户的关注，也难以展示自己的个性和独特之处。不少朋友都看到过很多新颖独特、奇形怪状的二维码，也想制作属于自己独特个性的二维码，那么究竟怎样制作出个性的二维码呢？

一、设计有个性二维码的步骤

制作个性二维码的网站和软件很多，网上在线即可完成，下面我们以某网站在线制作举例。

步骤一：先将微信二维码进行解码。打开百度，搜索“二维码解码”，将您的二维码上传，进行解码，之后，您会得到一段网址，这就是您二维码里的信息，然后再打开这个网站：http：//url.alibaba.com/r/aHR0cDovL3d3dy4yd2VpbWEuY29t。

步骤二：选择您喜欢的二维码样式，然后将您刚刚解码的网站粘贴上去，点击生成，就会出现您想要的二维码了。

画龙点睛

★☆★★☆★

二维码，是方便手机快速读取信息的图形码，如果你的手机安装了二维码解析软件，那么，你可以通过你的手机摄像头抓取各种信息。在推广微信的时候，倘若您的二维码别具一格，可以大大增加粉丝的好感。

二、制作有图案个性二维码的具体步骤

步骤一：制作前景图和背景图（注：由于本文中二维码生成网站无法缩放图片，所以图片尺寸都按照文中要求制作）。选择好一张炫酷的图片，将其裁剪为 280×280 的正方形图片。从中抠出大小为 180×180 的小正方形，被抠出的部分用淡色系填充，保存为背景图。原来 280×280 的素材图片作为前景图使用。

步骤二：进入网站：http://www.2weima.com/site.html，生成所需二维码类型和内容，点击“下一步”。

步骤三：进入参数设置，将外边距设置为 50PX，容错率设置为 30%，拖动滑杆，到“液态”位置。

步骤四：下一步点击上传图片，上传第一步制作好的前景图。

步骤五：然后，上传背景图。

步骤六：点击“下一步”，就能下载二维码了。

步骤七：这就是完成后的二维码。

本文只是简单介绍功能的使用，灵活搭配素材图片，就会制作出炫酷的效果。同时此时生成的二维码还能继续通过 Photoshop 进行进一步的处理，搭配出具有个性的图案二维码。

设置奖品吸引客户

一、奖品设置合理

奖品合理设置，包括奖品的数量和中奖的概率。奖品要多，头奖数量可不多，但一定非常有吸引力，这一点非常重要。中奖的概率要高，做加粉活动，基本上设置都是人人有奖，比如关注就有奖或转发有奖。

二、微信公众号抽奖活动创建方法

步骤一：登录腾讯微校官网并接入，按操作提示进行，然后点击左侧微网站菜单，在右侧的模板中点击幸运大抽奖模板，点击使用按钮。

步骤二：在弹出的站点配置信息对话框中输入抽奖活动页的基本信息，点击提交。

步骤三：点击大转盘，在右侧操作栏中点击设置可以修改奖品选项。这样，一个抽奖活动就完成了。

查看方法如下：

通过预览可以在手机上查看页面效果，点击发布可以生成活动页面。然后点击导航菜单的“我的站点”，可以看到站点列表。

点击数据再点击大转盘，可以查看大转盘的用户抽奖数据和抽奖结果。

画龙点睛

★☆★★☆★

注意及时保存，通过预览可以在手机上查看页面效果，点击发布可以生成活动页面。复制链接（或者生成二维码）到当天的推送内容中，也可以添加到自动回复中或者自定义菜单中，一个红红火火的抽奖活动就开启了。

生动形象的互动

微信不仅仅是一个营销渠道，微信更注重的是与用户的互动。互动是微信运营很重要的一部分，引起互动的方式有许多种，不同行业方法也不同，如群发优惠券、抢答得优惠、猜谜得奖品、猜歌名、刮奖、大转盘等。由于微信的互动是隐秘的，所以特别适合设置和企业品牌有关的问题来进行有奖答题。

某食品联合公益做了大转盘抽奖互动活动，中奖的获得大礼包一份。短短不到一天的时间粉丝增长上千，参与抽奖人数也是上千，良好的活跃度与互动使该企业又增加了忠实客户。

画龙点睛

★☆★★☆★

现在有些公众号有评论的功能，那么我们就必须好好地利用起来，这个功能是提高与粉丝之间黏度的最好方式。有了这个评论功能以后，我们就好比逛贴吧一样，对一个内容可以发表自己的评价，这就很好地互动起来了。

另外在互动环节中，用户有问题咨询最好能快捷回复，必要时要采用人工微信客服值守，增强用户体验也是必须要做的。

维护老客户的技巧

增进与老客户之间的关系有以下几种方法：

（1）重视老客户的体验，老客户的体验有利于企业微信营销的发展，企业以优质的服务才能保证用户对企业的信任。时常问一问老客户对产品用后的感受，重视老客户的评价。这样可以在老客户中形成一种品牌效应。

（2）关注老客户的需求，有针对性地进行一些关注，提供一些符合老客户消费的产品，满足老客户的消费需求。这样企业与客户形成一种供求关系，同时也拉近了用户与企业的关系。

（3）给老客户点优惠。例如，向微信老客户发布数量折扣、赠品、更长期的赊销等信息。经常和顾客沟通交流，容易保持融洽的关系与和睦的气氛。尽量多跟客户沟通，告知客户最新推出的产品或服务，提供一些优惠打折的信息，或简单地问问他们是否需要帮助都可以。

（4）时常地一对一互动，在平时送关爱、在节假日送祝福等，让老客户知道你的存在，这样在老客户有消费需求的时候就会想起购买你的产品。

（5）寻求反馈。向你的老客户寻求反馈和意见，问问他们对你产品和服务是否满意。你的产品是否有改进的地方，当你向客户寻求反馈并对他们的意见很重视的时候，他们就会把你的事情当作他自己事情一样，就会对你的服务和产品更加忠诚。你也可以用调查问卷的形式收集客户的意见。

画龙点睛

★☆★★☆★

不仅仅停留在向客户销售产品的层面上，要主动为他们量身定做一套适合的系统解决方案，在更广范围内关心和支持顾客发展，增强顾客购买力，扩大其购买规模，或者与顾客共同探讨新的消费途径和消费方式，创造推动新的需求。

多方寻找精准客户

寻找精准客户，可以参考以下步骤：

（1）确立自己的目标。如果你是做某家商品批发，你就要取一个比较引人注目而且让人一看就能明白的名字，现在输入法的表情已经和微信完美兼容，所以输入法的表情可以添加到名字前或者后面给好友留下一种不一样的新颖感。

（2）要有自己的客户群体。客户群体去哪里找？可以从淘宝里找，也可以从其他购物软件或者聊天工具里找。通过微信把他们加为你的好友，然后慢慢切入到你的产品里。

比如娱乐生活群、电影影视群，或者自己建群分享知识、营销知识、推广知识、产品知识都可以分享，先让别人认可你，觉得你这人靠谱。培养一些群活跃的用户，5~10个都可以，人数可凭借自己的能力去定。

还可以运用论坛网站推广，在你写好的软文里面巧妙地加入自己的微信号和二维码，然后发布到相关产品论坛和贴吧。这个一定要坚持发，要让对你产品感兴趣的消费者找到你。还有一定的概率被百度收录，这样别人搜索百度关键词时，就会搜索到你的文章。

网摘新闻源推广法也是不错的建议，可以提交优质网页、图片、帖子到权重比较高的网站，如果被推荐和转发，那么你的粉丝会暴增，前提是一定要有优质的文章，文章的质量是很重要的，要学会怎么去写一篇好的软广告。

画龙点睛

★☆★★☆★

做微信营销和互联网营销其实都是互通的，要懂得如何去分析你的精准用户群体，通过哪些平台吸引你的用户群体来关注你，再维护好你与客户的基本关系，分析客户的需求（CRM），微信营销需要的就是参与感、存在感、价值感！

（3）要有自己的微信公众平台，如果你是店主，那么你可以发一些你所代理产品的描述以及介绍信息，获得一些荣誉，等等，但是切记不要大篇幅地去描述，要按照你的客户群去投放软文，这样效果会好很多。

（4）朋友圈的分享，内容要是引人注目的文字，这样就会有更多潜在的客户去关注你的公众平台从而发展成为你的精准粉丝，在这样全套的运营决策下，大量的客户都会成为精准客户。

（5）对客户进行分类，通过多人聊天管理客户，从而针对不同的客户发放层次不同的内容，让大家可以更容易地了解自己的产品，从而引导客户的购买欲望，达成交易。

借助老客户的力量发展新客户

一、让客户发展新客户的三个最佳时机

（1）当客户决定购买你的产品的时候；

（2）你为客户做了一些事情，客户对此表示感谢或赞赏时；

（3）你的产品和服务得到客户认可时，向顾客提出转介绍要求。

二、愿意“转介绍”的老客户分类

第一种客户：他愿意给你转介绍，不要任何好处。但是这种客户喜欢出风头，好表现自己，喜欢荣誉。跟这类客户交往，要抓住每次机会让他好好表现一下自己，比如公司开产品说明会的时候，让他上台讲几句话，然后给他颁个荣誉奖等等，多给他表现的机会，让他尽兴。

第二种客户：这类客户很现实，要你给他好处，就是金钱上的，比如吃回扣、给他提成，等等。

第三种客户：既不要荣誉也不要金钱，这类客户给你介绍的客户不多，不是很用心地给你介绍新客户，他一定有事需要你帮忙，可能成功介绍几个客户后，就会婉转地告诉你，他有什么困难一直没解决，希望你能

帮他个忙。

第四种客户：这是这四种客户中最省心的，也是转介绍量最少的，他什么要求都没有，他跟你是很单纯的友谊，就像好朋友一样，他给你转介绍，纯粹是出于朋友之间的帮忙，他不会专门给你转介绍，他就是遇到了、看合适了才把这个人转介绍给你。

以上四种客户，你对待他们要有一个共同点，就是要经常地关怀他们，让他们感觉到你的温暖。

三、做好客户转介绍的注意事项

（1）要让客户对你的产品和服务价值了解多一点，这样客户转介绍出去的价值才会更大，成功率也会高很多。

（2）让客户在转介绍中得到的利益多一点。拟订客户服务计划。设计一个回馈客户的方案，是吸引更多客户转介绍的好方法。

（3）不要轻视客户人脉的力量，不以客户消费多少论价值。诚挚地为客户服务，并且坚信得到转介绍是理所当然的事。

画龙点睛

★☆★★☆★

“开发十个新客户，不如维护一个老客户”。老顾客的转介绍率对企业业绩提升具有非常重要的作用，因为口碑的力量往往会带来连锁反应与利润的成倍增加。所以我们要重视老客户服务与维护，并提升老客户转介绍率。

》微信客服人员的工作技巧

众所周知的是，微信营销有种种优势，借助微信平台开展客户服务营销也成为继微博之后的又一新兴营销渠道。那么，我们该怎么针对人工服务做好微信营销呢?

一、设立专门的微信客服部

一些大型企业或者名牌企业，由于其服务的客户众多，想要在微信公众号上获得优势，就必须要设立一个专门的微信客服部来与用户进行人工互动，并对员工进行微信营销培训。以宝洁旗下的飘柔为例，该企业在微信公众号上的幽默风趣表现，其实是来自其背后众多微信专员的努力。所以，企业不要图省事，利用机械设置关键词自动回复。必要时，需要进行人工回复，这样才能拉近与用户的情感距离。

二、客服人员素质过硬

客服工作需要具备良好的心理素质；熟练掌握业务知识，及用户需求。熟练掌握业务知识是客服工作人员的基本素质之一，只有真正地了解企业文化，及用户的需求所在，熟练掌握业务知识才能够积极应对客户。客服人员在接受用户投诉时需要运用一定的沟通技巧，积极应变，化解矛盾争端，解决冲突与对抗，从投诉流失中吸取教训，维护企业形象并及时为用户解决问题。要有耐心，有的客户问题比较多，我们要有足够的耐心打消客户的疑虑，满足客户的需求，促成交易。要有责任心，责任心的重点就是对客户咨询过程中提到的一些额外要求的解答，及时做好与相关职能部门的沟通。更重要的体现在了解客服的终极使命，达成交易，完成店铺销售额。

三、人工互动要频繁

要想让粉丝主动持续性地关注企业公众号，需要企业频繁地与客户进行互动。而且互动频率越高，互动的效果也就越好。当然了，在电子商务培训互动时，一定要采用人工互动，这样更能表达出企业的诚意。只要粉丝有问题，就要为粉丝进行详细贴心的解答，不可“冷落”了粉丝，更不能让粉丝得到一个“答非所问”的答案。

画龙点睛

★☆★★☆★

大多数企业在微信号的问答服务运营中，通常都只是在后台自定义回复设置关键词，当用户回复时触发了关键词后企业自动发出一些互动和解答。但是，面对关注公众号用户的增多，这种机械化的回复和互动已经越来越不能满足人们的需求。而企业又不可能配备大量专门的客服人员。大多数微信用户关注一个企业，希望该企业能够为他带来更加贴心周到的服务，而并不是面对一个冰冷的机器人在说话。这些问题都需要企业在微信营销中通过技术手段或其他手段解决。

第六章　见“微”知广

——微信功能的营销策略

微信支付功能的营销策略

一、了解微信支付

微信支付，是由腾讯公司知名移动社交通信软件微信及第三方支付平台财付通联合推出的移动支付创新产品，旨在为广大微信用户及商户提供更优质的支付服务，微信的支付和安全系统由腾讯财付通提供支持。

2014 年 9 月 26 日，腾讯公司发布的腾讯手机管家 5.1 版本为微信支付打造了“手机管家软件锁”，在安全入口上独创了“微信支付加密”功能，大大提高了微信支付的安全性。

用户只需在微信中关联一张银行卡，并完成身份认证，即可将装有微信 APP 的智能手机变成一个全能钱包，之后即可购买合作商户的商品及服务，用户在支付时只需在自己的智能手机上输入密码，无须任何刷卡步骤即可完成支付，整个过程简便流畅。

二、微信支付的主要应用

1. 线下扫码支付

用户扫描线下静态的二维码，即可生成微信支付交易页面，完成交易流程。

2. Web 扫码支付

用户扫描 PC 端二维码跳转至微信支付交易页面，完成交易流程。

3. 公众号支付

用户在微信中关注商户的微信公众号，在商户的微信公众号内完成商品和服务的支付购买。

4. 提供企业红包、代金券、立减优惠等营销新工具，满足用户及商户的不同支付场景。

5. 缴税功能

2015 年 8 月 28 日，税务部门跟腾讯、地税共三家单位签署了协议，将全面启用微信支付方式来支付税款，微信支付缴税功能正式启用。

三、微信支付（商户功能）的开通步骤

步骤一：完成服务号认证。

（1）微信支付功能目前仅对完成微信认证的服务号开放申请（企业、媒体、政府及其他组织）。若公众账号符合开放申请要求，可直接进入第二步（微信公众平台提交资料）。

（2）订阅号可先升级为服务号，升级方法：登录微信公众平台—设置—账号信息—升级为服务号。

（3）未认证的服务号需先完成微信认证（商户申请微信认证的主体与申请开通微信支付功能的主体需保持一致）。

步骤二：完成申请资料审核。

（1）登录微信公众平台，进入微信支付。

（2）提交商户基本资料。请准确选择经营范围，并如实填写出售的商品 / 服务信息，此处填写的信息将作为日后运营监管的依据。

（3）提交业务审核资料。商户提交的资料，主体需与微信认证主体保持一致，以保证运营主体即认证主体。

（4）提交财务审核资料。商户提交的财务资料，主体需与业务审核资料主体一致，以保证结算主体即运营主体；商户提交的所有资料需加盖公章。

（5）资料审核。商户申请资料提交成功后，腾讯在7个工作日内反馈审核结果，审核结果将以电子邮件的形式告知商户。商户也可登录微信公众平台，点击页面右上角小信封图标查看。

步骤三：完成承诺函的签署。

（1）登录微信公众平台，进入微信支付，点击“下载承诺函”按钮，进入承诺函下载页面。

（2）在承诺函上加盖公章后寄回页面指定地址。

（3）腾讯收到承诺函后会有专人审核，审核通过后，承诺函状态变为“已签署”。

注：承诺函一般会很快生成。如果系统提示承诺函正在生成中，请耐心等候，等待时间不会超过24小时。

步骤四：功能开发、合同签订。

（1）资料审核通过的商户可以进行功能开发工作：腾讯提供清晰的开发接口文档，帮助商户顺利完成功能开发工作。

（2）签订合同。资料审核通过后，进入“合同签署”，点击“签署协议”，在线签署合同。在线签署合同之后，合同状态变为“已签署”。

步骤五：开通微信支付。

画龙点睛

★☆★★☆★

微信支付支持以下银行发卡的贷记卡：深圳发展银行、宁波银行。此外，微信支付还支持以下银行的借记卡及信用卡：招商银行、建设银行、光大银行、中信银行、农业银行、广发银行、平安银行、兴业银行、民生银行。

微信语音功能营销策略

微信公众平台语音功能的操作步骤如下：

步骤一：运营者可以在编辑图文消息时，在正文中添加语音。一个图文消息支持添加一个语音。

步骤二：可从素材库中添加已有语音，或新建语音。

步骤三：用户可以在文章中收听语音内容，可控制播放、停止，且退出当前页面可以继续收听。微信公众平台推出这个语音功能的初衷是希望能让拥有音频创作能力的运营小伙伴们把真实温暖的声音传播出去，与用户分享更多的美好。

画龙点睛

★☆★★☆★

发送的语音的长度最好不要太长，以免用户来不及一次性听完，下次听又得重新听，因为这个语音没有暂停功能，也没有下次听时自动跳到记忆中那个点继续播放，所以建议是一到两分钟最好，因为用户都是使用琐碎时间片段来观看聆听的。

微信“朋友圈”营销策略

微信的朋友圈是一个类似 QQ 空间的圈子，在这里大家都可以发表心情、分享图片文字，评论微信朋友的心情、图片。

一、微信的基础功能

1. 图片动态

微信朋友圈可直接发布图片动态。图片可以选择拍照或者从相册中选取，一次最多可以分享九张图片。

2. 小视频

微信朋友圈可以在选择发布内容的时候，选择拍摄小视频发布分享。

3. 纯文字信息

长按发布朋友圈的相机图标，可以进入发布纯文字动态的界面。

4. 网页和链接

微信朋友圈支持其他应用的分享。其他应用可以通过接入微信的分享端口，在应用内部直接分享内容到朋友圈中。分享到朋友圈中的内容以链接形式存在。

5. 广告

在最新版本中，微信朋友圈开始推送广告，形式和一般朋友圈类似，为“图片 + 文字”。

广告朋友圈会在右上角显示“推广”字样。

6. 评论和点赞

朋友圈分享可以评论和点赞。自己发表的评论可以随时删除，点赞再点击一次可以取消。

二、微信朋友圈的转发方法

步骤一：想知道微信朋友圈怎么转发，首先在微信朋友圈里找到一个分享，长按文字会跳出提示，选择“复制”。

步骤二：点击图片会放大显示，长按图片会跳出设置栏，点击“保存到手机”将图片保存。

步骤三：在朋友圈主界面，点击右上角的相机图标，点击“从手机相册选择”，选好图片后会自动进入发送界面。

步骤四：在文字输入界面长按，跳出“粘贴”后点击选择，在这里你可以对文字进行修改。

步骤五：在发送界面，你可以设置该文章的可见范围，删除添加图片，添加提醒谁看，显示所在城市，以及 QQ 空间、腾讯微博的同步。一切就绪后点击“发送”即可。

步骤六：如果发送时选择的是私密，文章会保存到朋友圈里的“我的相册”里，如果想公开这篇文章的话，可以点击文章，在文章界面点击右上角，选择“设为公开照片”即可。

三、微信朋友圈的价值

最近越来越多的人开始利用微信的朋友圈推广自己的产品或服务，更有一些小企业打造了朋友圈营销的案例，可见，朋友圈的价值被更多的人意识到了。下面分享一下微信朋友圈的价值：

1. 增加信息曝光率

信息曝光率超过微博，我们在朋友圈发一条消息，基本上会被 80% 以上的人看到。微信的好友都是基于朋友的强关系，更容易信任。互动方面也会超过普通微博。从推广产品的角度讲，微信朋友圈的效果优于 QQ 空间。比如，我们在朋友圈委婉推荐了一款产品，需要的人可以马上留言或者发消息给微信主进行交流。而 QQ 空间则相对独立。

2. 大量地添加好友

微信可以大量的添加好友。目前个人微信可以加 5000 个好友，这对于做营销来说已经足够了。5000 人是基数，在 5000 人基础上的转发将是天文数字，所以，基本的营销功能都可以满足。

四、快速增加好友的技巧

步骤一：利用资源推荐。如果你有上万粉丝的微信公众号或者几十万的微博号等。那么利用这些资源推广一下，会很快积累到好友。如果没有，你愿意花钱，也可以找到许多人帮你推广。

步骤二：将自己的 QQ 好友加为微信好友。

步骤三：将手机通讯录的人加为好友。

步骤四：也有人通过自动打招呼等软件来进行批量添加好友。这种软件的好处是自动化，可以定位自己想要的区域的人群，打招呼加好友。

五、微信朋友圈的营销策略

步骤一：当主账号培养到一定粉丝量，开始测试粉丝反应，抛出一个产品的信息讨论点，看看粉丝反映！如果粉丝反应还可以，那么马上可以开始讨论和转发这个话题，引导其他客户转发和回复。

步骤二：回评传播，在很多大V和热点账号的话题中，第一时间回评，把你的推荐直接引导到你的主号上，或者独立成为回复营销都可以。

步骤三：引导论坛中的话题，和论坛进行互动，把论坛话题引导到微信朋友圈进行传播。这样的话题比较有依据和落脚点，也看起来更有权威性。

步骤四：自己制造一些热门话题，提高主账号的关注度之后开始和一些大V热V互联，让他们转发你的话题。

步骤五：在自己的主号进行热点话题传播和回评，把主号的粉丝引导到自己的产品的官方账号或者自己的微信之中，配合官方微博和微信进行营销。

画龙点睛

★☆★★☆★

微信朋友圈指的是腾讯微信上的一个社交功能，于微信4.0版本2012年4月19日更新时上线，用户可以通过朋友圈发表文字和图片，同时可通过其他软件将文章或者音乐分享到朋友圈。用户可以对好友新发的照片或留言进行“评论”或“赞”。

六、朋友圈增粉的两种形式

对于朋友圈增粉，常见的有几种形式：

（1）制造悬念，引导大家关注。比如明天上午9点，我将有重要事项向大家宣布，以此吸引关注。

（2）图文信息朋友圈分享。现在朋友圈各种分享的文章很多，也是微信最认可的一种良性传播方式。

标题党、图片党、高质量，是很多微信大号发家的重要途径。没有太多深度可探究的东西，本质上就是在撰写或者CV文案的时候，站在读者和信息传播者的角度出发做好。

（3）定期发一些正能量的文案，增加与朋友圈的人互动，展现亲和力。这个方法要求有定力和耐性，持之以恒，自会形成效应。

微信“漂流瓶”营销策略

微信漂流瓶是一款非常实用的功能，我们可以在微信中发送自己的瓶子，也可以捞取别人向海里扔出的瓶子。通过微信漂流瓶，可以非常方便地进行交友之类的社交，企业也可以利用漂流瓶进行营销。

一、微信漂流瓶的应用

步骤一：先登录自己的微信账号进入微信应用之后，然后我们可以看到界面中的“发现”功能。

步骤二：如果在“发现”这个应用中没有找到漂流瓶应用，可以直接点击“我”这个选项。

步骤三：在打开“设置”界面之后，会看到一个“通用”选项，然后这里点击“通用”。

步骤四：打开通用界面之后，我们会看到一个“功能”选项，点击“功能”，会看到微信中各种插件的启用或者停用状态。如果漂流瓶功能没有启用的话，这里则显示的是“未启用的功能”。

步骤五：点击“漂流瓶”应用，然后在接下来弹出的界面中点击选择“启用该功能”。

步骤六：返回“发现”界面，看看我们的漂流瓶应用是不是已经显示了。如果已经显示了漂流瓶应用的话，那么就开始我们的漂流瓶之旅吧。

二、漂流瓶营销的优缺点

运用漂流瓶进行营销的优点是：运用简单，操作容易。缺点是针对性不强，又因为用户使用漂流瓶的目的是排遣无聊之情，所以在这里做营销，如果方式不正确，极易产生反作用，使得用户对品牌或者产品产生厌恶之情。此外，每个用户每天只有 20 次捡漂流瓶的机会，捡到瓶子的机会是比较小的。

三、漂流瓶的营销策略

利用漂流瓶不仅可以交友，还可以发布一些有意义的广告和寻求合作伙伴的招商内容。在第一次使用漂流瓶的时候需要设置自己的漂流瓶头像，可以把头像设置成公司的 logo 以及一些标志等，另外还要把信息补充完整，这样才能使其他用户相信你。完成这些之后，就可以进入漂流瓶界面，选择瓶子发一段语音或者文字，扔进大海。当有用户回复你的时候，漂流瓶会给你提醒。

四、漂流瓶的成功营销案例

招商银行的“爱心漂流瓶”用户互动活动 Campaign 期间，微信用户用“漂流瓶”或者“摇一摇”功能找朋友，就会看到“招商银行点亮蓝灯”，只要参与或关注，招商银行便会通过“小积分，微慈善”平台为自闭症儿童捐赠积分。和招商银行进行简单的互动就可以贡献自己的一份爱心，这种简单却又可以做善事的活动，颇为吸引人。

画龙点睛

★☆★★☆★

现在很多微信用户通过漂流瓶实现了合作，很多用户通过漂流瓶与潜在客户交谈，从而了解对方，开始合作，实现微信营销。

》 微信“扫一扫”营销策略

一、“扫一扫”二维码功能

如果将二维码的功能进行细分，则大致可以分为以下六类：

（1）信息获取（名片、地图、Wi-Fi 密码、资料）。

（2）网站跳转（跳转到微博、手机网站等）。

（3）广告推送（用户扫码，直接浏览商家推送的视频、音频广告）。

（4）手机电商（用户扫码、手机直接购物下单）。

（5）优惠促销（用户扫码，下载电子优惠券，抽奖）。

（6）会员管理（用户手机上获取电子会员信息、VIP 服务）。

二、微信“扫一扫”的使用

步骤一：进入微信，登录到“发现”这个界面，点开“扫一扫”。

步骤二：点击第一个“二维码”，对着二维码扫一扫，当然，可以直接关注。

步骤三：点击第二个“条码”，对着商品上的条码扫一扫。

步骤四：点击第三个“封面”，可以对着任何一本书籍扫一扫，包括 CD 和海报。

步骤五：点击第四个“街景”，可以对着你周围扫一扫，会出现一个 360 度旋转的立体照片。

步骤六：点击第五个“翻译”，看到不懂的英文，随意地扫一扫，答案就有了。

微信二维码正是腾讯基于这一原理开发出的配合微信使用的添加好友的一种新方式，是含有特定内容格式的，只能被微信软件正确解读的二维码。二维码是利用微信的消息触达能力为商家提供了一种更好的运营方式，而这种方式正体现了信息化技术与传统运营方式本质上的不同。此外，高质量关系链对企业发展的作用也不可磨灭。

画龙点睛

★☆★★☆★

使用微信“扫一扫”二维码的功能，用户可以快速添加微信好友、关注公众账号。二维码在现代商业活动中，可实现的应用十分广泛，如产品防伪/溯源、广告推送、网站链接、数据下载、商品交易、定位/导航、电子凭证、车辆管理等。

微信“特色签名”营销策略

对签名的应用在网络推广模式中最为常见，在微信营销实战中它的作用同样重要。因此，了解位置签名的应用，对微信营销是大有帮助的。

微信可以通过其“找朋友”功能，精确快速定位周边可到达的店面的潜在的微信群体，发布新店地址、优惠活动和礼品赠送等信息，吸引更多使用微信的顾客到场。微信结合位置签名 LBS 功能，在微信的“朋友们”选项中，有个“查看附近的人”的功能插件，用户可以根据自己所在的地理位置查找到附近的微信用户。这样，系统不仅显示附近用户的姓名等基本信息，而且会显示用户签名档的内容。有心的商家可以利用这个免费的签名广告位为自己的店铺做宣传，甚至可以打广告。

画龙点睛

★☆★★☆★

在微信营销中，众多功能中最能体现其网络营销价值就是位置签名LBS（基于位置的社交）功能。LBS功能精准定位的作用让很多行业在微信中投放促销优惠信息时可谓是事半功倍，起到了很好的营销作用。

微信“微表情”营销策略

表情包是在社交软件活跃之后形成的一种流行文化。在移动互联网时期，人们以时下流行的明星、语录、动漫、影视截图为素材，配上一系列相匹配的文字，用以表达特定的情感。这类图片以搞笑居多，且构图夸张，通过收藏和分享此类图片，人们可以获得趣味，同时展现自己的藏图，可以得到人们认可，实现心理上的满足。

一、免费获取大量微信动态表情的方法

步骤一：打开智能手机，从手机应用商店下载一个微信表情包，可以在搜索里面直接输入“微信表情包”，即可下载一个。下载完成后点击安装上。

步骤二：将表情包添加到微信应用里面。添加方法：打开一个聊天页面，点击“+”，在出现的页面中选择“+”。

步骤三：看到安装好的微信表情包插件，先选中这个插件，然后会出现一个页面，在页面中点击“添加到附件栏中”。

步骤四：添加成功后，打开微信聊天附件，即可看到微信表情包。

步骤五：在对话框选中微信表情包，即可看到里面大量的微信动态表情。

步骤六：选中要发布的微信动态表情，然后点击确定—分享，即可快

速地将动态表情分享给好友。

二、微信表情营销案例

2014年1月上映的环球影片出品的3D动画大片《神偷奶爸2》，在票房方面表现优异，票房超过3亿元。随着电影的热映，一夜之间格鲁先生带着他的小黄人红遍内地，随处可见这个黄色小胶囊的身影，成为众人喜爱的卡通形象。

在电影正式上映之前，可爱的萌物小黄人就来到微信中，成为微信表情商店的热门表情。一夜之间，微信上到处都是栩栩如生“小黄人”的表情。这款表情的推出，既在电影上映之前成为电影很好的预热手段，在电影热播的时候这套表情又成为微信和环球影片的挣钱机器。更为重要的是，这个表情的推出还为微信力推的表情商店和微信支付做了很好的铺垫作用。因此，神偷奶爸表情的推出，无论是对环球影片还是对微信平台，都是多赢的一个结果。

画龙点睛

★☆★★☆★

表情包本质上属于一种流行文化。依托于社交和网络的不断发展，人们之间交流方式也出现了相应的改变，由最早的文字沟通到开始使用一些简单的符号、表情包，逐步演变为日益多元化的表情文化，使用一些自制的、流行元素图片来进行沟通。

》微信“内容”营销策略

微信营销的关键就是要做对内容，每一个从事微信营销的商家几乎都有自己的微信公众号，利用这个平台可以充分展示自己的品牌、产品、服务，让微信公众平台成为自己生意的一个宣传阵地。让微信公众号成为商家与粉丝沟通的平台。不断拉近商家与粉丝之间的距离，让商家对各种各样的潜在客户实现深层次营销。成功的微信“内容”营销应侧重以下几点：

方法一：关注用户感受

大多数企业在做微信内容营销时，都把内容创造放在第一位，目光转移到产品和品牌，以提高转化和销售为考核目标。这种情况下，作为微信运营人员，也不得不按照老板的思路、各种广告、活动去轰炸粉丝。因此完全忽略了用户的感受，这样就会导致他们做的营销尽管内容优质，但是却把握不住精准用户。如果一个微信公众号不能给用户提供价值（包括给用户带来娱乐、帮用户解决疑难，哪怕是博用户一笑），那么这个时候可能已经偏离了营销的重点了。

方法二：写一个醒目吸引人的好标题

文章标题很重要毫无疑问，尤其是现在信息严重过载的情况下，绝大多数人只刷一下标题，或者看完标题再决定要不要点进去看。这时候，一个好的标题和配图就显得尤为重要。

那么究竟怎样才能写一个好标题呢?

（1）结合热点。

（2）众筹，改改改。询问 10 人以上目标人群，对标题进行修改和对比投票。好标题好文案都是一个字一个字改出来的。

（3）融入情绪和情感。

（4）利用人的好奇心限定人群。比如水湄物语的《只给女生看的投资学》，这样男生和女生都会比较好奇到底讲的什么。

方法三：专攻特定人群

特定人群也就是我们营销中所进行的“定位”，即确定我们的目标客户是谁，他们最关注什么，他们是怎么关注的，在什么时候关注的等一些因素。很显然，企业进行微信营销的实质也是针对一部分人群（指目标客户人群）展开的，所以我们必须清楚地了解我们的微信内容针对的是哪一部分人群，这个人群最在乎的是什么。至于其他人群，我们没必要过分地关注。换一句广告行业的话来说：给女人看的广告，男人不看没关系；给老人看的广告，年轻人不看没关系。

方法四：内容一定要吸引人

微信营销不能是简单的说教，所发布的内容一定要对浏览者有价值。如果你是做医疗用品的，你一定要发一点关于普通人养生的，从饮食到休息，从运动到生活习惯，都可以提供一些图文并茂的、有趣的、有用的健康信息，这些信息一定要与现代生活密切相关的，是人们在日常生活中能够用得上的，不能是过时的信息，不能是旧的信息，如果能用图表示就不用字，如果能用漫画形式表示就不用单纯的照片来表示。

方法五：转化入口要一呼即应

在进行内容营销的过程中，每一篇优质内容都需要有一个让用户行动的入口，这包括一键加为好友、微信扫一扫、直接购买按钮、了解更多按钮、收藏转发等，很多人对这些入口并不是太重视，但事实告诉我们，这些入口的存在非常重要。因为大家都明白，当机立断的转化率才是最好的，时间是一杯忘情水，读者走开了再回来就不是那么简单了，因此每一个行动都预示着用户对内容有点好感，因此需要有行动按钮来承接这个用户行为。所以我们在进行微信营销的时候，先得理解一下内容发布的渠道有哪些，然后尽可能将每个渠道都自我打量一下，是否可以设置一些入口或者功能。

方法六：内容尽量有趣

这是微信营销给大家的一个难题，因为不是人人都会写作，不是人人都擅长文字，所以微信营销逼迫每个人都要成为写作高手。而这个高手不是要你有多厉害的写作手法和修辞，而是说到得巧说得妙，说得刚到点子上。这才是真正需要体会和悟性的。同样的一个产品上面也举例子了，你可以开发开采出很多有趣的内容，大家乐于接受又起到了传播效果，没必要一提到发产品信息就立刻想到硬邦邦的广告植入。

方法七：产品微信要巧妙表达

有很多商家经常把自己的产品直截了当地发布出来，让人一看就知道是广告，让人直接忽视。这些都是不高明的营销手段。

有些产品微信表现得很自然，有些表现得很有趣，有些表现得很有感染力。说到这里建议大家看看广告学，如果没时间也看看国外的一些很有趣味很厉害的广告，再不行多看看美国大片总可以吧，那里面处处是广告，很多做得很有趣。软文的最高境界是将产品变成情节的一个标志。结合时下发生的一些热点事件，利用名人、明星的效应把自己的产品巧妙地糅合进去，让人在不知不觉中了解到产品或者服务，让潜在顾客主动去联系商家，咨询服务。这样，你的微信营销就慢慢走上正轨了。

方法八：培养内容营销习惯

互联网营销并不是一蹴而就的事情，要想获得成功最基本的原则就是持之以恒。这样的道理在内容营销中一样重要，要想让内容营销起到效果，那就离不开两个字：坚持。内容营销的效果是“量变引起质变”的一个过程，需要我们坚持，习惯每天持之以恒地去执行我们的方案。内容营销并不是一个短期的策略，而是一个中长期的策略，需要坚持不懈才算是步入了这个领域。

方法九：内容的搭配一定要合理

如果每天的内容都是一个方面的，很容易让人失去兴趣，你可以放一条关于生活的，放一条关于美景的，放一条关于产品的，放一条比较幽默的，让粉丝每天阅读都有所收获，有一个快乐的心情，甚至使粉丝阅读你的微信成为一种生活习惯，这样你的微信公众账号就成功了。内容的搭配要平均，不能都是同一种类型。

方法十：多渠道播放你的内容

微信营销跟传统的网络内容营销一样，在完成内容之后，接下来也同样要经历推广部分。当然，随着微信功能的不断完善，其传播渠道也变得更多样化。另一方面，传播渠道的多样化使得信息变得更碎片化，通过一个渠道很难获得理想的成功，尤其是对于小企业来说，基本上不太可能。面对这种情况，唯一的办法就是多点开花，全身心地投入到各个渠道传播中去。这包括行业 KOL、合作伙伴的市场同步推广、短期活动植入、付费频道插播、社会化媒体活动等。

方法十一：内容编辑应精益求精

对于做公众号的人来说，内容编辑可是个很重要的工作。很多人除了看标题之外，最多的就是图片，因为它直接，受众面广，而且更易于传播，所以建议大家将内容用图片一段一段分开，多用一些跟内容搭配或者互相衬托的图片，这样一定会给内容增色不少。而且编辑的时候插图必须要有规律，一段一个，不要一会儿一段一个，一会儿两段一个，让人看起来比较杂乱。

方法十二：与粉丝多交流，多沟通

粉丝发过来的留言一定要尽量地去回复，只有这样才能不断提高活跃粉丝的数量，也就是提高活跃客户的数量，让粉丝可以始终关注商家，在需要的时候第一时间联系商家，让商家的产品在线上实现销售，让线上的人气转化为线下的销售。

画龙点睛

★☆★★☆★

对于使用微信营销者，如果你真的写不出好的文，也不要强迫硬写，你可以借鉴一下其他文章，慢慢学习。想要受众关注、喜爱你的产品，发布能吸引他们的东西，这或许更加靠谱一些。

》微信“会员卡”营销策略

微信会员卡是基于腾讯公司的各种产品延伸出来的一个全新专注生活电子商务与O2O的新产品，依靠腾讯亿级的用户群体，通过微信、微博、手机QQ等手机产品，成为时下主流的线上线下O2O会员营销模式之一。通过微信会员卡让更多线下与线上用户享受移动互联网的便捷，获得生活实惠和特权。

一、微信会员卡的功能

微信会员卡具有如下四个功能：

1. 丰富的展示能力

会员卡的展示能力更加强大与丰富，支持更多的个性化需求。

2. 方便快捷的一键激活功能

利用会员卡一键开卡功能，商户无须额外制作开卡信息页面即可让用户完善会员信息，激活会员卡。

3. 快速埋单功能

开通微信支付和微信会员卡能力的商家，无须额外开发，即可让用户使用会员卡埋单功能时，享受会员卡优惠（如折扣、积分优惠等）。

4. 会员卡消息通知及消息运营位

当用户的会员卡发生积分变动、金额变动时，会收到卡包红点消息通知，消息通知可以通过合理使用消息运营位，再次拉动用户领券。

二、微信会员卡的应用

微信会员卡，基于微信公众平台与商家合作的第三方电子会员卡。用户只需用手机扫描商家的独有二维码，就能获得一张存储于微信中的电子会员卡，可享受商家提供的会员折扣和服务。更重要的是，微信将众多会员卡装进了手机，用户可随时将会员卡分享给朋友，让更多的人参与优惠。

三、商家使用微信会员卡的优势

1. 拓展新客户

安装微信客户端的消费者有 6 亿之多，通过扫描二维码加入会员的方式，迅速帮你拓展会员量。

2. 维系老客户

将传统会员卡（磁卡、感应卡、条码卡）跟微信绑定，出门不用携带卡，方便。

3. 会员互动

会员可以通过微信查询卡积分、余额、消费记录，还可以实现预订功能。

4. 促销群发

通过微信平台，还可以免费给微信用户发送优惠信息，如文字、图片、声音、视频，等等。

通过微信会员卡，每个微信用户都是品牌的传播节点，他们将会员卡分享到好友、群、朋友圈，分享最真实的消费感受。这种朋友间的传播，可信度强、转化率高，商家几乎不必投入什么成本，就自然形成了病毒营销。

画龙点睛

★☆★★☆★

通过微信会员卡，可以让更多线下与线上用户享受移动互联网的便捷，获得生活实惠和特权，同时帮助商家与企业建立泛用户体系，搭建富媒体的互联网信息通道，打造微信会员卡“生态平台”。

》微信“促销”营销策略

一、运用微信做促销活动的步骤

步骤一：登录微信后台，在开发者中心找到 AppID 和 AppSecret；

步骤二：登录后台，在公众号管理的位置成功绑定微信；

步骤三：在门店管理和菜品管理的位置，补充相关信息；

步骤四：门店设置好后，在“优惠折扣促销”栏目中设置促销活动。

二、运用微信做促销活动的方式

1. 进店消费有优惠

首单 / 每单 ×× 折或首单 / 每单立减 ×× 元；新店开张，进店消费有优惠。面对消费者每单 / 首单，打折或直减，局域内的粉丝还可能实现线下消费。商家可选择每单 / 首单，打折选择百分比，减钱选择固定金额等多种方式。

2. 节日酬宾和代金券

每单满 ×× 元减 ×× 元；节假日活动大酬宾，采用“假日代金券”每满 ×× 元减 ×× 元可累计使用。选择在线上使用代金券，更是为商家和消费者提供方便。

3. 限时秒杀快来抢

限时秒杀成为众多客户与粉丝互动最常用的方法，设置单个餐品、单个门店、具体时间、限购量、折扣类型等。在活动时间内，粉丝可在线上进行秒杀。

三、微信营销促销活动的注意要点

微商在做促销活动时，应注意以下几个方面：

（1）微商促销需要准确定位，主题鲜明。到底是传达给消费者品牌形象还是现实售卖。

（2）确定微商促销的最佳的方案。除了事前周密的计划和人员安排，还要有一个好的方案把活动目的和主旨深入到每一个人心中，充分调动其积极性，还要对促销人员进行详尽的微信促销方案及细节微信培训。

（3）促销时间的把握，最好要比竞争对手早三四天，以免被对手抢先。再好的策划也要把握好时机。

（4）营造良好的促销氛围，如"装修"要恰到好处，广告要出彩。

（5）在制定促销方案时，折扣要明显，而且不能搞得复杂，要消费者能明显感觉到便宜实惠，这样的微商促销方案成功概率会比较大。

（6）控制微商促销成本，要"因己制宜"，这样才能有较好效果。在做好让利促销前，一定要做好预算，这点很重要。

（7）做好评估总结，为下次微商促销活动积累经验。

画龙点睛

★☆★★☆★

微商不同于实体店铺，在实体店，店面固定，消费者只要走进店铺的大门，所有的商品几乎一览无余。但是微商则不同，没有实体店面的限制，如果引导做得不好，客户很容易就流失掉了。

》微信"红包"营销策略

微信红包是腾讯旗下产品微信于2014年1月27日推出的一款应用，此应用基于微信5.2版本运行。微信红包的玩法简单，它背后是腾讯财付通运营的名为"新年红包"的公众号，功能上可以实现发红包、查收发记录和提现。

一、微信发红包的步骤

步骤一：打开微信，点右上角的功能图标，选择我的银行卡。

步骤二：在微信里选择红包。

步骤三：然后可以选择发拼手气红包或者普通红包，然后塞钱进红包就行了。拼手气红包是固定总的红包金额，但每个朋友抢到的红包钱就是随机的了，普通红包是固定金额的。

步骤四：输入支付密码支付就可以了，支付完成，选择完成，然后就可以发红包给好友，或者发到微信群了。

步骤五：如果你还没有绑定银行卡，返回微信，点右上角的功能图标，选择我的银行卡，再点右上角的功能图标，选择添加银行卡，输入支付密码，如果第一次使用会提示你设置支付密码。

步骤六：输入银行卡号，输入手机号码，验证。

因为微信支付用的是快捷支付，所以要在银行留有手机号码的银行卡才能绑定，绑定完成就可以发红包了。

二、微信红包的功能

1. 微信红包的娱乐功能

微信红包拥有对人的欲望的强刺激性和游戏氛围，能够及时地汇聚成庞大流量。

2. 微信红包的仪式传播功能

微信红包虽然借助了社交媒体的平台，但是依然具有传统红包的仪式性。它出现于春节这样一个仪式性很强的节日，也紧扣“红包”这一主题，其场景设置与传统红包相似，因此具有“仪式化传播”的功能。它将“红包”这一传统民俗仪式化，而社交媒体的平台使其更有存在感，这就使得越来越多的受众接触、理解、接受这一民俗文化。

3. 微信红包的可转化功能

去掉中间媒体、营销、渠道环节，将利益直接补贴给消费者，并且可进一步转化为销售。

4. 微信红包的即时营销功能

微信红包的出现，使得受众在互相的讨要和派送中加强了互动。微信红包“炸”出了许多微信群里的“潜水”用户。许多平时交流不多的人通过这次营销活动，加强了联系，构建了新的朋友关系。如此，用户更多地参与微信互动，其营销效果必然加强。

三、微信红包活动设置

目前大部分微信公众号运营者还不具备微信公众号直接发红包这个条件，在设置微信红包活动时，可以参考以下步骤：

（1）关注微信公众号即送红包，设置关注后请回复“红包”领取。

（2）在个人微信上建立一个群：××× 公众号红包领取专区，把群二维码导出来。

（3）微信公众号设置关键词：“红包”。把群二维码放到关键词自动回复，并且说明让关注公众号领取红包者加入群，微信红包将在群里面发布。

（4）在网上受众人群比较集中的地方发布消息。

四、企业热衷于微信红包的原因

企业之所以热衷微信红包，一方面是微信红包的产品特性符合企业的需要，另一方面，企业对微信红包的热衷也是企业在自身营销需求和微信对营销的敏感寻找到的一种平衡。微信不断强调，不鼓励企业在微信上做营销；但是微信同时又表示，鼓励公众号通过创新的方式增强与用户的活动和连接。微信红包既没有越过微信的红线，又满足了企业的营销需求。不过，需要指出的是，尽管微信红包受到企业追捧，但也不宜滥用。过度使用微信红包来营销，有可能会让用户变得无感甚至产生反感。

还应该认识到：终端渠道的企业用红包让利消费者是一种新的广告模式，微信红包也借助企业所投入的营销力量塑造自己的“入口价值”。但这种“入口价值”并不是微信专有，在共享经济时代，越来越多的企业意识到，红包不仅仅是促销，更为重要的是，它可以激发用户的社交和分享。

五、微信红包的发展趋势

（1）本身的春节红包的仪式意义逐渐淡化。微信红包会继续在春节期间大大发挥自己的优势，也会在其他场域下加强自己存在的价值。

（2）逐渐发展成一种类似支付宝的转账方式。相比支付宝，微信的操作更简单、方便。微信利用红包作牵引将微信支付做强做大并不是不可能的，但是需要走的路还很远。

（3）向一种常态的交流、社交方式演变。

画龙点睛

★☆★★☆★

微信红包活动流程很简单，但是要把活动效果做到最好，在网上发布新闻和活动通知的时候一定要加上自己的品牌介绍或者产品介绍，如果是自媒体人，当然是对自己的介绍，然后才是活动公布。这样做的微信红包活动不单单在微信公众号上留住了粉丝，而且在个人微信号上也有这一批粉丝，可谓双重保险，在下一次进行别的活动的时候就不是问题了。

微信“添加朋友”营销策略

一、微信“添加朋友”的方法

方法一：搜索微信号/QQ号/手机号添加

进入微信，点右上角的 + 图标，选择添加好友，输入要添加的好友的微信号、QQ 号或者手机号进行搜索，然后添加到通讯录即可。

方法二：添加 QQ 好友（微信需要绑定 QQ 号码）

进入添加好友界面，选择添加 QQ 好友，然后找到要添加的 QQ 好友即可添加。

方法三：添加手机联系人

进入添加好友界面，选择添加手机联系人，然后找到要添加的手机联系人即可添加。

方法四：雷达加好友

进入添加好友界面，选择雷达加好友，雷达加好友适用于两个或者多个好友在一起，大家一起打开雷达，发出声音就可以互相加好友了。

方法五：摇一摇加好友

进入微信发现界面，选择摇一摇，摇一摇加好友适用于两个或者多个好友一起摇手机，然后互相添加好友。

方法六：附近的人加好友

进入微信发现界面，选择附近的人，附近的人加好友适用于好友在附近并且都打开了"附近的人"功能，或者用于添加附近的陌生人好友。

二、做微营销加朋友的方法和技巧

现在很多企业都有自己的微网站或者微店铺，并且通过"加关送礼"的形式获得了一些老客户的关注，但是这个数量毕竟是有限的。那么要用怎样的方式来获得各方好友的关注呢？下面介绍几种加好友的方法和技巧：

1. 同步添加 QQ 好友

微信有一个比较强大的功能就是它的同步效应，由此你可以将工作中的 QQ 群中的好友加为好友，再逐步添加为微信好友。不否认，这是一个比较烦琐的过程，但倘若你将你的微信号直接发到 QQ 群中，主动加你好友的人寥寥无几，这样才是真正的无用功。所以，慢工出细活有时候是一个不错的选择。

2. 建立自己的意向群

比如你是做护肤品的，你可以去找妈妈群、白领群、网上购物群、美容群。当然不能刚进去就推销你的产品，要抱着交朋友的心进去，互相学习，可以上传一些和群组有关的文件，巧妙地插入自己的联系方式。当对你有足够的信任时，再添加为好友，导入你的微信，这样你也会知道哪些是你的精准人群。

3. 微博引流

经常关注微博热搜榜，不要放过任何一个宣传你的微信号的机会。打个比方：前段时间热搜的韩剧：《奶酪陷阱》，这个电视剧在这些看电视的软件 APP 上是看不了的，需要下载到百度网盘，可在微博上搜索资源，获取全集，然后发微博话题 # 奶酪陷阱 # 说你有全集，免费送，想看的私聊你，记住不要直接写你的微信号，要不你的排名会很低，别人看不到你发表的微博，那别人私聊你的时候，你就告诉他加你的微信发给他。

4. 自媒体

现在有很多做得早的人，微信里有很多好友，会形成互相推广，你可以去联系，切记是互相推广哦，不要相信什么加人软件，都是骗人的。

5. 微信公众号合作法

有很多和你自己的产品相关的公众号，当然要选择那些粉丝多、活跃的、人数多、阅读量大的合作，写一篇好点的软文，不要随便在网上找一些到处都是的，一定是要发自你内心的想法创作的，巧妙地插入自己的联系方式。

6. 微群宣传

获取微信好友，微群中的好友是不可少的。通过一些条件添加到的微群，其针对性是比较强的，在宣传上也是一大助力。但是要注意的是，并不是所有的好友都要加，而是选择其中相对比较优势的。对于那些经常发布广告的微友大可不必添加，这种只会刷屏的好友不会给你带来好的宣传效果。同时无论是采取何种方式加的好友，一定要记得“交流”，不能让他成为僵尸好友。

7. 利用时效性资源加好友

通常时效性的资源可以保持 7 天左右的时效，比如曾经的优衣库试衣间、芈月传全集百度云、斗鱼 TV 主播现场等，如果你能够在当时拿到这套视频，然后随便在论坛、微博、博客等地方简单地说一句，加你微信可以获得这些视频，相信一天至少有几百个人加你好友。

8. 论坛推广法

比较大的论坛，如天涯、淘宝、爱美、新浪等，但是要写好地软文巧妙地插入联系方式，不要广告性质太明显，不然会被删或者封号的。

9. 利用需求性资源加好友

像这种需求性的资源推广时间可以推广的时间更长、见效时间快、效果更好。比如说曾经有一位网友在我博客投稿关于爱奇艺资源共享引流的方法，文章主要是介绍关于引流到自己网站上，其实也可以引流到自己微信上，比如要求用户添加你的微信，然后你在微信上给人家分享这些资源。

加为好友以后，加友工作并没有结束，像其他营销模式一样，微友也是要维护的。当然相对于客户的维护，微友的维护要简单得多，在刚加为好友的时候，可以发一句问候语，这样可以建立第一印象，对于有标注生日的好友记得祝福一下，可以增加微友之间的互动，会给你带来好的宣传效果哦。而且显示在对方好友中的“发现”中，还会给你带来其他好友，这绝对是一个最为简单的加友方式，就看你是否可以抓住这个细节了。

三、应用时的注意要点

（1）微信号应简单好记，不要搞得太复杂，要考虑大家输入的方便性。不要搞得又是字母、数字又是下划线之类的，别人在查找添加的时候还要不停地切换，可能有的人就放弃添加你了。注意微信号只能修改一次，要慎重，想好了再改。

（2）不要一味刷屏，发产品介绍，这样朋友圈里的朋友看到会比较厌烦，可以发一些自己使用的照片，写上幽默的标题，让人容易记喜欢看。

（3）互动的选择性，别人主动加你了，不要上来就说你好啊，想要哪款产品什么的，这样目的性会太强。再就是不要去理他，他看了你的朋友圈对你感兴趣就会主动联系你，那么你就没那么被动了，成交率就会高。

（4）掌握好发说说的量，一般一天发七条左右就可以了，不要简单地写几个字，介绍内容要写得有趣简单，不要形成流水账。

画龙点睛

★☆★★☆★

微信营销是现在最被关注的营销模式，宜早不宜迟，加好友是微信营销的第一步，朋友圈中还要有好的内容分享和创意文案的书写。没有好的内容是不能吸引用户的，将内容优化与微信技巧巧妙结合，才是微信营销的真谛。

》微信"附近的人"营销策略

一、用微信查找附近的人的步骤

步骤一：在应用程序列表中找到微信图标并打开微信客户端。

步骤二：进入微信后，输入微信账号和密码登录，微信支持 QQ 号、微信号和手机号登录。

步骤三：在登录后的界面点击“朋友们”按钮。

步骤四：在“朋友们”标签下，就可以看到“附近的人”选项了。点击“附近的人”。首次查看附近的人会出现“确认”界面，点击“确定”即可。

步骤五：“附近的人”显示在你的列表中，点击联系人就可以查看名片或者聊天了。“附近的人”还提供可以直接查看男生或查看女生的功能，点击右上角三个小圆点操作。

步骤六：如不想查看“附近的人”也不想被别人查找到时，点击“清除位置信息并退出”即可。

二、微信添加“附近的人”的方法

步骤一：用自己的私人微信号搜索附近的人，然后打招呼申请添加好友。这一步操作过程中，女性身份成功的概率会比较高。

步骤二：与附近的陌生人成为好友之后，也不能直接把公众账号发给对方，根据互联网社交心理的总结，虽然已经加了好友，但是我们与陌生人还未产生情感因素，因为情感因素产生来源于沟通。所以，我们第二步要做的就是沟通。

步骤三：情感的基础建立起来之后，我们就要进行转化了。微信有发名片的功能，我们在与目标客户进行简单交流的情况下，把自己微信的公众账号的名片发送给对方，然后做简单沟通，这样被关注的概率是很高的，然后用掌柜的微信店铺进行消费的转化。

步骤四：继续在朋友圈与目标客户进行以往的互动，保持情感因素的存在。

总之，微信做粉丝，是一个长时间、耐心的工作。没有什么事情是一蹴而就的，在这个过程中，最好的方法就是做好自己，包装、维护好自己的形象，让别人不讨厌，我们就赢了。

三、如何让你的公众号出现在微信附近的人里面第一个位置

微信公众平台商户的门店经过审核后，有机会在“附近的人”列表中进行展示曝光。商户可以在公众号后台添加“门店管理”功能插件，进入门店管理后，可进行门店的添加、删除、修改等维护工作。

据了解，此前“附近的人”更多是一些个人微信号的“吸粉”绝招，向商户开放申请后，意味着其将成为商户门店的营销渠道。

具体操作步骤如下：

步骤一：入口位置位于微信公众平台左侧的添加功能插件“+”栏，点击进入。

步骤二：进入后选择“门店管理”插件，点击“申请开通”。若您的公众号符合相关资质（初期向有认证资质的服务号及有卡券功能的公众号开放），该功能将即时开通。

步骤三：顺利开通，左侧功能栏出现“门店管理”入口。

步骤四：进入“门店管理”后，可进行门店的添加、删除、修改等维护工作。具体门店信息的添加和填写，请参考该页面右上角“公众平台门店信息填写说明”。

步骤五：门店新建后微信将进行审核，审核通过且数据优质（全部信息完整填写、至少上传三张清晰优质图片）的门店有机会出现在“附近的人”顶部广告位，并以商户详情页的形式进行展示曝光。

步骤六：门店信息属于公共编辑信息，所有权属于微信，若有需要，您可以对门店的服务信息提交编辑建议。

画龙点睛

★☆★★☆★

公众平台允许拥有线下门店的商户上传、管理自己的门店信息。当微信用户使用“附近的人”功能时，可以在第一条位置看到其所在位置附近的门店信息。同时，商户也可将自己的门店在卡券、公众号内等业务场景中使用，更好地为用户提供服务。微信公众平台将逐步向拥有线下门店业务的公众号开放门店管理入口，初期将先向认证的服务号和有卡券功能的全部公众号开放该功能。

四、微信“附近的人”营销策略

通过“附近的人”，可以与附近的人打招呼，不断地申请好友，加一百个，总有十个进来，虽然这个办法有点笨，但很实用！首先你的头像不要让人讨厌，你的朋友圈“高大上”和充满正能量！

加上好友后，聊天中是不是都会问到你做什么行业的？只要你会聊天，掌握一个度，你就可以把他们变成你的精准客户。

KTV 服务人员，卖保险的，房产中介，做保健之类的最容易加入成功，只要你擅长交流，就可以把他变成你的销售渠道。千万别小瞧这类人群的交际圈和口才，他们有我们不具备的销售能力，如果有他们的加入，你的销售渠道是不是就事半功倍了呢？

五、案例解析

某小区底商有一位卖水果的女孩子，她为了扩大营销渠道，使用了“附近的人”营销功能，第一个月就赚了个盆满钵满。她是怎么做的呢？在她家附近有好几个大型小区，于是，她打印了很多二维码广告，贴在小区门口或塞进小区业主门缝里，二维码下面有一句话“微信扫一扫，加好友，买水果送货上门，再送苹果一个”。

看到的人很好奇，同时心想，反正就是关注一下而已，还能送一个苹果，于是有些人就掏出手机扫描二维码，并加她为好友，这其中大部分人都会形成购买意向。

水果是天然的重复消费品，基本每家都有需求，在哪都是买，在她微信上买，不仅可以送货上门，还可以再送一个苹果，何乐而不为呢？就这样，她加到的客户都很精准，并且，她离客户很近，同时提供送货上门服务，如果客户对产品不满意，随时可以不要，信任度很容易建立起来。她很快积累了一批老客户，如果她有一定的营销基础，完全可以长时间锁定一部分消费者。

微信“摇一摇”营销策略

微信“摇一摇”是指腾讯公司推出的微信内的一个随机交友应用，通过摇手机或点击按钮模拟摇一摇，可以匹配到同一时段触发该功能的微信用户，从而增加用户间的互动和微信黏度。

一、微信“摇一摇”的使用步骤

步骤一：“摇一摇”的入口在“找朋友”界面。

步骤二：微信进入“摇一摇”界面，轻摇手机，微信会帮您搜寻同一时刻摇晃手机的人——聚会上一起摇，会快速帮您列出一起摇的朋友；千里摇一摇，可以为您匹配这个世界上同时也在摇手机的朋友。

步骤三：摇到的朋友，直接点击就可以聊天。

步骤四：点击设置，可以查看到上一次摇到的人群，也可以更换背景图片。点击头像还可以查看摇到好友的一些基本信息和状态。在摇到的人中基本是按距离你方位远近来排列的。在微信聚合效应下，同一段时间内摇到同一个人的可能性大些。

二、了解微信“摇一摇·周边”

“摇一摇·周边”是微信提供的一种新的基于线下位置的连接入口。用户通过微信“摇一摇·周边”，可以与线下商户进行互动，获得品牌商户提供的个性化服务。

用户通过“摇一摇·周边”摇出的服务页面是基于HTML5定制的。借助摇周边，人们的生活将更加方便：只要摇一摇手机，可以马上获知周边信息，随时发现感兴趣的店，即时和商户互动，获取优惠、进行评价等，线下和线上的体验同时进行。

同时，接入了“摇一摇·周边”的商家也能通过线上、线下两方面信息的结合，对顾客进行更精准的客流分析和用户营销。

三、“摇一摇·周边”的优势

“摇一摇·周边”具有两个优势：

（1）无须关注即可互动，接入微信摇周边功能的品牌商户，消费者到店之后只要打开蓝牙，使用微信“摇一摇”就可以直接获取品牌商户相关卡券，一旦消费者使用这些卡券，就会和商家产生进一步的互动，包括关注公众号，反之，则可以忽略，不对消费者产生影响。

（2）定位精准。商家可以利用这个特点准确知道用户当前所在的位置。但实际应用中还需多个iBeacon组成拓扑合理布局，才能真正做到准确辨别用户所在的位置。

四、“摇一摇·周边”的接入方法

申请接入“摇一摇·周边”的条件非常简单，商户只要拥有1个经过微信认证的公众账号（订阅号、服务号均可），按流程指引5分钟即可完成申请接入的操作。申请审核通过后，按照首页的配置流程指引，即可成功启用微信“摇一摇·周边”。

如何选择通过微信公众平台申请接入，可按以下三步操作：

步骤一：添加“摇一摇·周边”插件。商户登录微信公众平台（mp.weixin.qq.com）后，点击界面左侧“功能—添加功能插件”，再在“插件库”中选择“摇一摇·周边”插件。

步骤二：申请入驻。添加成功后，点击即可打开“摇一摇·周边”商户管理后台，再点击“立即接入”，进入申请条件和流程说明页。点击“授权微信摇一摇·周边”，进行公众号授权登录，再按照流程填写基本资料后，即完成申请入驻。

步骤三：正式启用。入驻申请审核大约需要三个工作日，审核通过后，再次登录 https：//zb.weixin.qq.com/，即可进入管理后台。按照首页的配置流程指引，即可成功启用微信“摇一摇·周边”。

五、“摇一摇·周边”的使用场景

“摇一摇·周边”打通了“人—信息—服务—线下场所”的四重连接。除购物场景下的精准服务与移动支付便利外，在展馆、景区、博物馆，用户也能通过摇周边享受定位导航、随身讲解服务；在展会、会议、公关活动等现场，用户可通过摇周边与主办方进行投票、提问、发言、游戏等互动，还可轻松签到。

1. 商超零售

商超零售行业一直苦于新顾客获取成本增高、难以提升客流量以及客流转化率等问题。而“摇一摇·周边”作为线下连接入口，能根据不同需求场景，为顾客提供精准的信息和服务，提升顾客体验，实现企业效益的转化。比如，用户在外购物时，看到有“微信摇一摇”提示，拿出手机打开蓝牙，微信摇一摇，即可出现场景应用/红包，用户不仅自己可以领取，还可以分享到群或者朋友圈。用户逛商场时看到橱窗里陈列的衣服很不错，想了解价格或者库存，手机拿出来摇一摇，就可以自助获取信息，还

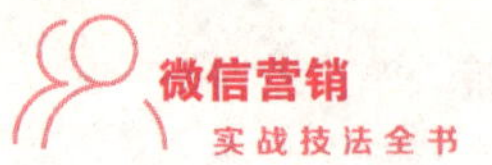

可以分享给朋友征求意见。

2. 餐饮

餐饮行业是O2O的主要场景，依托微信“摇一摇·周边”的线下连接能力，真正将餐饮的线上和线下环节打通，有效提升餐厅服务效率，同时降低运营成本。比如，餐馆可以引导用户使用微信摇一摇来摇出菜单点菜，埋单的时候也可以摇一摇结账。

3. 广告

传统媒体投放形式单一，通过“摇一摇·周边”，广告商多了一块展示空间，可有效连接线下用户，将营销信息精准触达目标群体，同时借助多屏互动的形式与消费者建立沟通，提升消费者体验；线下人流数字化，实时监测多维度的广告投放效果；线下流量二次分发，协助商户变现流量。比如，用户在经过商家广告牌时，摇一摇，摇出商家店铺优惠券，并将客户引导到店铺所在位置，带着优惠去店铺消费。

4. 博物馆 & 景区

博物馆 & 景区游览区域面积大，游客较分散，而工作人员有限，导致游客信息获取不便利、服务请求无法及时响应等问题，影响游客体验。“摇一摇·周边”提供定点讲解、基于地理位置的信息实时推送、在线购票等功能，有效解决行业痛点。比如，到某个景点的时候用微信摇一摇就可以获取这个景点的相关介绍，而且还可以进行互动，比如，购买、拍照、评论和分享等。

画龙点睛

★☆★★☆★

对于广告行业来说，甚至可以将“摇一摇·周边”设备置入广告箱和指示牌，用户仅需摇一摇手机，即可实时查询附近门店、导航，还可延伸浏览、领取优惠券等，促进有效引流。未来，相信有更多商户能够通过“摇一摇·周边”与用户“+”到一起。

第七章　五“微”俱全

——微信营销的几种模式

》 选择服务号还是订阅号的营销模式

一、微信公众平台订阅号的主要功能

微信公众平台订阅号，主要是提供信息和资讯，一般媒体用的比较多。微信订阅号的主要功能和权限如下：

（1）微信公众平台订阅号每天都可以群发一条信息。群发的信息直接出现在订阅号文件夹中。

（2）订阅号群发信息时，手机微信用户将不会收到像短信那样的消息提醒。

（3）在手机微信用户的通信录中，订阅号将被放入订阅号文件夹中。

二、服务号的主要功能

（1）可以申请自定义菜单。

（2）服务号一个月只能群发四条信息。

（3）服务号群发信息时，用户手机会像收到短信一样接收到信息，显示在用户的聊天列表当中。

画龙点睛

★☆★★☆★

公众号只有1次机会可以选择成为服务号/订阅号，类型选择之后不可修改，请慎重选择；选择“服务号”时，若您之前公众号选择的是“个人类型”，您选择企业、媒体、政府、其他组织类型需要重新登记相关信息。

三、选择服务号还是订阅号

（1）对于绝大数企业而言最好先从订阅号做起，做好订阅号，通过订阅号形成好的沟通机制和氛围，当数据量足够大，很多需求无法通过订阅号满足时，再升级服务号，这是一个水到渠成的过程，不要硬上。

（2）对于银行、电子商务企业、航空企业等与客户经常发生关系的行业和企业，优先选用服务号，在用户消费过程中不断给予服务性的提示，提供订单、行程、路线、航班信息等的及时提醒和查询，并提供实时的在线客服。

（3）不管是服务号还是订阅号，都需要做好在线客服，基于客服的实时沟通是微信公众账号的魅力所在，不能忽视。未来“微信客服中心”，很有可能和电话客服中心一样，成为企业新的客服模式。

》线上线下相结合的营销模式

微信O2O（线上线下交易方式）让线下的商务机会与微信连接起来，线上与线下在交易中互动。商家布局微信营销，目的是增加一个销售渠道。

一、线上推广

线上推广是在互联网上、移动互联网上进行推广，这种推广方式目前比较有效，如微信的朋友圈、微博、QQ空间、微信群、QQ群。

二、线下推广

线下推广是指借助店面海报、产品包装或传统的媒体渠道等进行推广。不过需要注意的是，线下推广营销时，二维码一定要放在显眼的位置，要让目标客户一眼看到并且方便扫描。

不管是在线上还是线下进行二维码营销，都最好能够附上简短的文字说明，让目标客户知道这是什么样的二维码。如果能带有一定的紧迫感，效果会更好。

画龙点睛

★☆★★☆★

除了微信营销以外，微博、APP、官方网站等应用手机或者软件也成为商家降低运营成本、推动实体渠道与电子渠道融合的模式。

“扫描一下本店的微信二维码，关注公共平台就可以获得本店提供的饮料一杯。”一家餐饮店用这样特殊的方式为微信公共账号吸引了不少人气。目前，许多餐饮、服装等传统商家正在利用微信尝试线上与线下相结合的方式进行商业营销。

如今，有不少餐饮店或者服装店的商家直接把二维码贴在桌子上或者橱窗上。扫描关注后，直接进入该店的公共平台，除了可以定期接收到店中新品、促销等相关信息以外，还能够直接在上面与该店客服进行互动。

F2F营销模式

一、了解F2F营销模式

F2F营销模式是英文名词Face to Face的简称，中文意思是面对面沟通营销，用沟通服务去完成价值顾客（MVC）客户群和争取有益顾客（MGC）客户群，真正地认识那些只会付出而不会得到多少负值的客户（BZ），并且通过全个性化体系的服务，给每一个客户提供与众不同的资源和服务。

微信 F2F 营销是通过企业公众账号进行的，用户数据一目了然，而且手机端的特性决定了信息能随时随地到达用户手中，可以准确了解企业的用户，也可以直接与用户进行沟通，甚至进行交易。

二、微信 F2F 营销的优势

（1）取决于微信媒体平台的特性。微信是注重互动的一个平台，对于一个运营很好的公众账号来说，它的粉丝活跃度很高，互动性好、到达率高的媒体注定了其高质量的用户接受度，所以其传播效果自然也不在话下。

（2）通过微信，企业对用户的数据一目了然，可以掌握用户的微信号，甚至用户的个人信息，也可以直接对准消费者，获得他们的需求，这些营销渠道都是在传统的平台上不能简单实现的。

三、微信营销的根本是 F2F 营销

微信手机端的移动性、互动性、一对一的沟通特性使 F2F 营销成为可能，尤其企业公众账号这个超级颠覆性、革命性产品的出现，将 F2F 营销变为现实。微信营销模式的发展，给企业 F2F 营销带来了新的生机。

四、微信 F2F 营销的作用

（1）微信 F2F 营销可以帮助企业跳过中间商的链条，直接进行产品销售，第一时间收回现金，收回企业的生产成本，实现企业的效益。

（2）微信 F2F 营销可以帮助企业跳过第三方机构，直接与消费者沟通，收集第一时间的用户反馈和意见，抑或对于用户的言论等进行舆论监测。

画龙点睛

★☆★★☆★

微信 F2F 营销可以跳过媒体渠道，直接进行宣传。品牌推广的企业对终端有直接的控制权和传播权，也在整体的推广中处于优势主导地位，远远地抛弃了中间服务商或渠道推广商的控制，直接将自己的产品和企业品牌形象第一时间展现给终端客户和消费者。

》口碑营销模式

一、了解口碑营销

口碑营销是指企业在品牌建立过程中，通过客户间的相互交流将自己的产品信息或者品牌传播开来，口碑营销越来越受到营销人员的重视。需要注意的是，口碑营销虽然有宣传费用低、可信任度高、针对性强等优点，但也充满着人们的偏见、情绪化的言论，口碑在消费者中诞生、传播，对于营销人员而言则属计划外信息，本身具有很强的不可控性。

二、做好微信口碑营销的要点

（1）从本质出发，开启口碑营销。好的产品是口碑的源泉，是营销的基础。一个企业若想在这个信息流狂轰滥炸的商海中占有属于自己的一亩三分地，便必须保证自己的产品质量过关。

（2）从体验启航，建设口碑营销。在这几十年发生的巨大转变中，消费者选择商品的决策心理也发生了很大的转变。起初购买商品，用户注重的是商品的功能性，而后发展为品牌式消费，近年来更流行体验式消费。

（3）以传递为本，保障口碑营销。企业建立起良好的用户关系信任度，口碑传播的范围也越广。做企业如同做人，朋友是信任度最强的用户关系。

画龙点睛

★☆★★☆★

其实我们生活中常见的口碑营销非常多，比如说现在购物网站的评价体系，大家买东西之前都会先看评价，差评则会影响消费者的购买欲望。又或者说你和朋友聊天时，听到她说某个化妆品好用，某家餐厅的菜好吃，某家店经常打折，这些都是口碑营销。

三、微信口碑营销的成功

微信传播有其便捷性，只需一键分享到朋友圈，就能够让好友看到这类信息，用户在朋友圈点开分享内容就能够直接看到营销信息，大大提升了转化率。当然，除了符合经济学的营销手段外，微信口碑营销其实还抓住了人们的从众心理，使消费者主动达成购买决策。

在微信营销的许多案例中，微信口碑营销正是由于传播方式便捷，提升用户信任度和品牌认知度作用明显，而为广告主所喜爱。

四、微信口碑营销的三步骤

步骤一：鼓动。赶潮流者，产品消费的主流人群，即使他们是最先体验产品的可靠性、优越性的受众，也会第一时间向周围朋友圈传播产品本身质地、原料和功效。

步骤二：价值。任何一家希望通过口碑传播来实现品牌提升的公司必须设法精心修饰产品，提升服务理念，以便达到口碑营销的最佳效果。

步骤三：回报。当消费者通过媒介、口碑获取产品信息并产生购买时，他们希望得到相应的回报。如果营利性企事业单位提供的产品或服务让受众感到的确物超所值，进而顺利地在短期内将产品或服务理念推广到市场，就可以实现低成本获利的目的。

五、微信公众号和朋友圈的功能

微信公众号建立口碑营销的过程是从其权威性开始的，用户订阅就代表了对其的信任和对某类信息的兴趣。那么在看到感兴趣的营销信息时，用户记住它的概率有 70%，而这 70% 中，可能会有 30% 的人将信息分享到朋友圈，从而引发关注，进一步建立口碑营销。

再来说说朋友圈。口碑营销一般发生在亲友、同事、同学等关系较为亲近的群体之间，而朋友圈的特点是强关系，恰恰符合了这几类群体关系的特征，信任度高。正是基于这样的传播过程和特点，口碑营销要选择微信公众号和朋友圈。

布点式营销模式

我们在捕鱼的时候，要想捕到更多的鱼，就必须广撒网。仅在一个地方多撒网还不行，还需要多换几个地方撒网。也就是说，凡是可能有鱼的地方，最好能多布点，如此才能捕到更多的鱼。布点式营销模式就是对目标客户群体的行为模式、消费习惯、消费心理的分析，发现其时间、空间、虚拟空间的活动规律，从而有针对性的广泛布点进行微信营销的模式。

布点式营销模式有定向布点、非定向布点两种。非定向布点并无明确的目标受众，最典型的就是微信漂流瓶。微信漂流瓶主要有两个玩法：“扔一个”，用户可以选择发布语音或者文字然后投入大海中，如果有其他用户“捞”到则可以展开对话；“捡一个”，就是用户去“捞”大海中无数个用户投放的漂流瓶，“捞”到后也可以和对方展开对话。商家利用这两个简单的功能就可以进行撒网式营销活动。

定向布点的典型就是微信植入广告。在企业的户外广告中植入微信账号和二维码。尤其是人流量大的区域，无论是地铁、公交车、机场广告，还是候车厅广告牌、单立柱广告牌、霓虹灯广告牌，抑或公共设施中的广告牌，我们都可以附上微信的信息。

要想让更多的客户知道你，让更多的粉丝关注你，让产品进入更多客户的视线，就必须在多场合进行营销，提升自己的曝光率。

当然微信营销绝非局限于某个营销工具，凡是和营销有关的营销工具，都可以拿来为微信营销服务。只有多管齐下，才能达到最好的效果。

画龙点睛

★☆★★☆★

现在已经不再是“一招鲜吃遍天”的时代。如今的任何行业都是“无限改进型”的行业，互联网上的优秀产品无不是积极与用户互动，并迅速改进而生成的，只有依据用户需求不断升级优化产品和服务，才是赢得重复购买率的王道。

二维码营销模式

在微信营销已经浸透到各行各业的当下，它给行业带来的颠覆是显而易见的。我们只有不断地转换思维，创新性运用最新的营销理念，才能在竞争激烈的市场中分一杯羹。

二维码扫描作为一种非常便捷的营销手段，它可以为企业带来一定的客户流量；加之它代表着一种时尚的生活气息，所以商业价值很高。

浏览商家官方网站，活动主题页面快速跳转，扫码即可浏览商家所有产品及信息，让用户快速了解广告完整信息。浏览商家微博，省去输入查找的烦琐过程，快速关注，累积粉丝新渠道，时时浏览商家微博新产品动态。部分实体商城商品一拍即买，手机上实现购物，无论实物商品还是虚拟商品，均可一拍即购，多种支付方式，让手机购物更为便捷，折扣券、积分大礼，扫码即有。

不过，在采用二维码营销模式时，并非任何企业都可以获得成功。很多企业因为不懂得运用二维码营销模式的正确方法，总是难以收到理想的营销效果。

二维码应用有以下三大优势：

（1）整合营销。二维码结合传统媒体，可无限延伸广告内容及时效；消费者可便捷入网，手机实时查看信息。

（2）即时互动。企业可发布调查、投票、会员注册；个人可参与调查、信息评论、活动报名、手机投票、参与调查。

（3）立体传播。二维码是移动互联网最便捷的入口，消费者可随时进行线上和线下的信息传播；二维码是社会化媒体传播的便捷工具。

画龙点睛

★☆★★☆★

商家在利用二维码营销模式时，不能盲目地进行，应该根据自己的目标客户和业务模式进行布局。一般而言，二维码营销模式分为线上推广营销和线下推广营销。

功能分享营销模式

一、功能分享营销模式和撒网式营销模式的比较

功能分享营销模式和撒网式营销模式在原理上是非常相似的，都是尽可能多地让客户知道你，让更多的粉丝关注你；让产品进入更多客户的视线，就必须在多场合进行营销，提升自己的曝光率。

二者也有不同之处。前者的技术性要求更高，营销效果更好。功能分享营销模式，是指分享、转发、转赠的方式。

二、分享转发获奖励

我们经常遇到这类情况：虽然公众号的文章每天都在精雕细琢，但是无法打动用户分享转发。要解决这个问题，除了在图文信息中提示用户分享外，还应有一定的奖励方式。这里我们需要提到一个功能，那就是当用户分享完该图文信息后就自动获取红包奖励。这个方法对尝试做事件营销或者短期奖励拉抬数据尤其有效。

接入方法：关注公众号“众传”，按照该公众号的图文教程，即可导入自己的广告链接，设置对应的分享奖励，然后将该链接发到朋友圈或微信群，当群成员分享成功后即可领取。需要注意的是，该功能收取总额 10% 的服务费（众传默认至少 1 元单次分享奖励）。

三、APP 添加微信分享功能的步骤

步骤一：进入微信开放平台，点击页面右上角的“注册”，完成注册。点击页面右上方的“管理中心”，进入后，点击“创建移动应用”。

步骤二：按照要求一次填入相关信息，比如所有的应用签名统一为：

3cdd57368f36104e6b97233e710ec2d2，包名及类名请在您的应用“修改版权”页面的最下方获取。

步骤三：信息填写完成后，点击“提交审核”等待微信审核人员的审核。

步骤四：您可以在“管理中心”中查看审核进度。

步骤五：审核通过后，在“管理中心”的“已通过审核”的应用中，找出需要的应用，点击“查看详情”。

步骤六：在“查看详情”中提取微信分享 APPID。

步骤七：将提取到的微信分享 APPID 输入到应用管理的“修改版权”页面的最下方输入框中，重新生成并发布更新即可。

画龙点睛

★☆★★☆★

申请 APPID 时，还需要上传应用图标，请提前准备，否则不能提交审核。水印图标，水印图标出现在微信聊天界面消息气泡底部，28*28 png 格式。高清图标，高清图标出现在聊天界面附件栏中，108*108 png 格式。如果 APPID 没有通过审核，则不能通过应用分享到朋友圈。

四、案例解析

四川绵阳三汇花园商城是一家刚刚成立的企业，通过功能分享营销模式，在短短几天的时间内就让附近的居民人尽皆知，并且在营销上获得了极大的成功——200 家商铺里的产品销售一空。

用户只需点击“转发代金券”，就可以自主选择将代金券转赠给自己的一位微信好友，或者转发到朋友圈，由朋友圈里的人自己领取。

如此一来，三汇花园商城的微信营销吸引了越来越多用户的参与，三汇花园商城的名气、口碑和代金券这样的福利等也被一同传出，无形之中完成了一次品牌推广。

》 CRM工具的营销模式

一、了解 CRM

CRM 是简称，它全名叫客户资源管理软件。所谓的客户资源，包括您手中的客户的名片、E-mail、FAX、MSN、图片资料、快件寄样，甚至是面谈记录等。客户资源管理的概念就是在一个系统里，将这些客户资源进行集中管理，保护客户资源，合理地管理客户资源，挖掘潜在的客户，使手头的客户资源得到合理的开发和利用。

二、CRM 工具的营销模式

微信是一种非常强大的 CRM 工具。以前我们的 CRM 工具以 E-mail、短信、人工 call center 为主，而现在则增加了微信。从某种意义上来说，微信甚至可以把前三种工具都替代。微信的富媒体属性，可以让它变身成为 E-mail、短信、call center 的任何一种形态。你可以发一条纯文字信息给用户，也可以发一篇带有照片和链接的文章给用户，当然你也可以直接发语音和视频，所有都取决于你的需要。

画龙点睛

★☆★★☆★

使用 CRM 的效果，就是客户资源管理上：与客户的沟通时间，跟踪过程记录，有哪些有意向、重点、成交客户，快速查找自动提醒。产品销售，收款，产品库存及财务情况。有效积累客户资源和营销经验，掌握整个团队工作情况，高效内部沟通以及市场信息的掌控，快速提升管理水平加强销售实力。

品牌还可以利用微信进行客服，这在以前多数是通过 call center 来完成的。首先用户要祈祷自己的电话能打得进去，其次要忍受很长一段时间的自动回复（类似“国内机票请按 1，国际机票请按 2”），然后还要忍受一些说不清楚话的接线员。而利用微信，一切都很方便，你不用等待什么，直接发文字或者语音给品牌的官方微信，用摄像头把发票、保修单、破损的商品拍下来，发送过去，然后等着官方微信的回复就可以了。

微信公众平台还具备了对用户进行分组功能，你完全可以对订阅用户进行分组，这与 CRM 工具对客户的分类整理功能也是相似的。

》自动回复营销模式

企业微信的自动回复功能十分经常和强大，能够吸引众多粉丝，可是微信公众平台关键字自动回复的规则，却不尽如人意。这个规则主要是需要自己根据用户给你的信息关键字自动回复的，效果不好。现在都是用相关软件实现智能回复，直接下载软件进行设置就可以智能回复问题了。

现在市面上这样的软件很多，比如，小黄鸡可爱的形象深入人心，小Q机器人也为大家所熟知，这些都是比较成功的例子，虽然还有缺点，可是微信智能机器人还是在不断完善中，并且已经在大中小企业中应用了。例如，微信牵手招行，促成了首个银行智能客服平台上线；杜蕾斯陪聊式对话微信；星巴克《自然醒》互动式推送微信，等等，这些都是微信智能回复应用的好例子。

第八章　无所不"微"

——微信推广的营销策略

配合活动游戏，积累微信粉丝

一、利用活动游戏吸粉

越是大型的公众号，越是少不了公众号一些小活动或者一些小游戏，游戏和活动一方面可以调动老粉丝的活跃度，另一方面一般的活动和游戏目的就是传播到朋友圈吸引新的粉丝进来，这也是很多公众号涨粉的一大招，就像滚雪球，粉丝基数越大，传播的空间就越大。

这种活动游戏的优势是易传播，涨粉快。劣势是粉丝质量不是很精准，活动结束掉粉率很高。另外，活动以及游戏需要一定的成本和技术，还需要一定的策划能力。

二、通过互动游戏吸引粉丝的方法和步骤

下面就以光棍节游戏为例告诉大家具体怎么设置：

步骤一：登录平台，在“互动管理”中选择“互动游戏”，选择一款游戏点击“开始创建”。

步骤二：设置活动基本信息，将活动主题，时间，描述完善，然后点击“下一步”。

建议：将显示参与活动人数勾上，并设置一个靠谱的数值，推荐十万左右，因为大多数人都有从众心理，所以看到别人都玩了这个游戏，自己

也大多会想参与一下。

步骤三：设置活动奖项，如果侧重传播就选择抽奖、排行榜或分享，侧重转化选择优惠券。奖项设置一定得注意，否则分分钟超预算不能兑现的话，对品牌可能产生负面效果。设置完毕点击“下一步”继续。

步骤四：设置游戏分享文案。提示：最好搞笑点，这样更容易激发用户分享。全部搞定就可以点击“发布”了。

步骤五：分享你的互动游戏。

画龙点睛

★☆★★☆★

微信公众号：可以通过图文推送的方式，如以文案+二维码的方式在公众号进行分享，亦可通过设置微信公众号菜单指定到互动游戏链接，由粉丝主动参与。

给微信造势的几种方法

微信公众号造势的方法通常有以下几种：

第一，运用多种媒体进行宣传。企业或者个人想要为微信公众号造势，最快捷的方法就是要通过一些媒体宣传来帮助和引导用户关注。比如，公司可以借助自己的官方网站、微博、电视台等平台，来为自己的微信号加大噱头。在能展示公司形象的地方，都要做好二维码和微信号的标签。只有媒体协调配合，才能把你的微信推广出去。

画龙点睛

★☆★★☆★

粉丝在关注微信公众号之后，一定要重视微信与用户互动，那么将会有利于粉丝对公司的黏度关注，这也符合公司的长远利益，因此，做好微信互动，也是微信造势的一大方法。

第二，宣传时应注意图文并茂。不管是线上还是线下的造势，公司都不能单一地用文字或者数字号码来向用户、消费者造势。因为这样不但没有气势，而且还不能吸引粉丝眼球，所以，公司需要以一些显现的图文并茂的形式来向粉丝推出信息，在视觉上要有一定的冲击力。

第三，创意不断，话题策划要有新意。一个好的点子，不但能吸引人们的注意，还会引起一些好玩的互动，甚至粉丝会积极转发和分享你的新意。

利用节日营造营销氛围

一、微商节日促销的前期准备工作

（1）提前做好准备。想要做好节日营销，就要明确目标，根据节假日的不同，有针对性地做好营销工作。

（2）确定微电商促销的最佳方案。除了事前制订周密的计划和人员安排，还要有一个好的方案把活动目的和主旨深入每一个人心中，充分调动其积极性，还要对促销人员进行详尽的微信促销方案及细节微信培训。

（3）抓住节假日特色。不同的节假日有不同的风格特点，尽量营造出欢乐的气氛，在进行节日营销的时候，将气氛和微信商城的产品相结合，用产品去阐述节日的意义或者欢乐。

（4）突出促销主题。在节日营销中，基本上有个规律就是打特价战，也就是所谓的促销活动。但是促销活动在现今时代太多了，所以要给消费者新鲜感，并营造出轻松、愉悦的消费氛围，才能够挽留住消费者，所以促销的主题需要凸显出来，此外还要做到有冲击力、吸引力以及主题简短易记。

（5）制定一个恰当的销售目标和激励方案，折扣要明显，不要搞得太复杂，让人感觉越便宜，促销方案成功概率越大。

（6）促销手段及方案。节假日期间的促销是多种多样的。微信商城为了吸引消费者，花样层出不穷，除了线上活动的积分、抽奖等，线下还会开展现场秀，买赠之类的活动，至于选择哪种促销方式，需要根据微信商城的具体情况而决定。

（7）做好评估总结，为下次微商促销活动积累经验。

画龙点睛

★☆★★☆★

控制微商促销成本，要“因已制宜”，这样才能产生较好效果。在做好让利促销前，一定要做好预算，这点很重要。

二、微商节日促销如何巧妙营造氛围

（1）微商整体装修要突出节日氛围。微商的招牌、导航、促销区甚至商品描述模板都有必要加入节日元素。

（2）将微电商的招牌上加上“节日快乐”、“合家团圆”等字样。

（3）通过各种渠道让消费者了解到店铺正在做促销，给整个微商营造一个火热的促销氛围。可以在招牌、左侧导航条上加上“促销”字样，把具体的优惠措施也加上最好不过了。

注意：整体的装修风格要协调、统一，不然会给人杂乱无章的感觉。

》线下合作方式推广

一、微信线下推广方式

1. 线下合作方式推广

这个需要结合产品特点来做。比如，你做的是女装类的，可以很好地利用附近的大学资源。如果与学校的一些社团合作做一些活动，比如，才

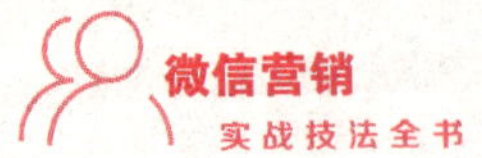

艺大赛、迎新会之类的，提供一些服装，做一场时装秀，并且扫码就享几折优惠之类的，收获是非常丰厚的。

2. 其他线下推广方式。

比如去公园、游乐场之类的地方做一些娱乐性质的活动，同样会带来不一样的效果。一方面，成本不会太大；另一方面，粉丝是在快乐的气氛里关注你的，并且还有独特的意义（合照），跑路的可能性很小。

二、线下活动加粉的流程

（1）利用线下资源优势。既然是线下活动，首先在现有线下资源的前提下策划符合我们具体情况的线下活动，比如可以是试吃、试用，可以是交流会、产品发布会等，只要是能吸引到用户和符合我们的情况都可以去尝试。

（2）设置好微信。我们这个是围绕微信的活动，一定要设置好微信，植入相关的活动互动环节。

（3）利用社会化媒体发布消息，如选择微博、豆瓣等媒体发布，吸引粉丝参与活动。

（4）线下活动时，引导用户扫“二维码”关注公众号，来触发“活动内容”，用微信引导活动进行。

（5）活动后沉淀。活动之后，应该好好想想如何沉淀这些新用户，让他们成为我们的忠实粉丝。

三、案例解析

一个朋友准备在微信上卖面膜，他需要大量精准女性粉丝，让我们看下他是如何巧妙加粉的。

他找到一个经常给写字楼送外卖的外卖哥，然后与他商量，你送外卖的时候，如果是女士订餐，麻烦你赠送她一张我们的面膜，并要求她扫描微信二维码加我为好友，并且许诺给外卖哥一定的好处。

通过第一天的测试，外卖哥帮他送出去二百多张面膜，其中就有150多人加他，而且都是精准的粉丝。测试有效后，他就继续复制，后来又与写字楼附近的肯德基、麦当劳，还有一些送盒饭的快餐店合作。一个月时间，他就积累了五万名粉丝。

为了让更多的粉丝信任自己，他每天定时与粉丝们互动，通过观察把活跃的粉丝拉到一个独立的微信群里，每天交流护肤经验，不定期地送红包，慢慢地培养感情。

经营了一个月之后，他觉得火候差不多了，就开始向微信群里的人推荐自己的面膜，当天就轻松卖出几千张面膜。

画龙点睛

★☆★★☆★

在线下活动中，很自然地获取用户成为"微信会员"，重点还是活动要有足够多的创意以及现场引导人员执行力要到位，特别要说明的是活动要围绕微信进行，让微信成为整个活动一个非常重要的环节。

》利用实体店铺推广

如果自己有店铺，可以通过实体店铺进行推广。来店里的客户想办法让他留下联系方式，不管用送礼物的方式还是办会员卡的方式，然后加他们的微信。这样，即使他们当时不买你的衣服，没准过几天也会买你的化妆品。

微信最大的好处是把进店看一眼的客户和待几分钟就走的陌生客户，不管是成交的还是没有成交的，不管这个客户是本地的还是外地的，只要你加了他的微信，都能在微信上面做生意，这样的话就可以把平时陌生客户的流失量控制在3%以内，甚至能锁住所有客户！

借助微博力量推广

新浪微博日活跃用户6000万，作为国内最火的社交分享网络媒体自然是微商推广一大阵地，因为营销从来都是客户在哪里，营销推广就在哪里！

微博的传播速度非常快，传播人群非常多，几乎使用微博的人都是微博影响的对象。微博是一个很好的营销推广平台，利用好这个平台就可以吸到更多的粉丝。

（1）取名应醒目易记。在微博上很多小伙伴的微博名五花八门，很难让粉丝记住你，所以大家如果选择在微博上做营销还是要注意一下自己的微博昵称。

（2）要注意互动的方式和方法：许多微商在别人的谈论下直接发广告信息，这种硬广一开始就会让人对此产生反感，很难产生信赖。所以一开始互动尽量以提供帮助和发表建议性的评论为主。

（3）参与热门话题的讨论：微商可以找到成为相关的热门话题参与者。可以从合适自己产品的目标客户群体关注的热门话题中，找到参与者，这些也是潜在客户。

（4）依傍行业知名微博：可以寻找一些比较知名的相关行业的微博，例如面膜产品，可以关注面膜类热门微博号，转发、评论他们微博的人也是你的目标粉丝！

软文营销手段吸粉

一、深入了解软文营销

软文是基于特定产品的概念诉求与问题分析，对消费者进行针对性心理引导的一种文字模式，从本质上来说，它是企业软性渗透的商业策略在广告形式上的实现，通常借助文字表达与舆论传播使消费者认同某种概念、观点和分析思路，从而达到企业品牌宣传、产品销售的目的。

二、软文营销手段吸粉

现在软文推广也是一种不可忽略的手段，通过高质量的软文在微博、天涯、豆瓣等平台传播也能获得大量的关注和粉丝。现在很多品牌企业也都注重软文传播。这个的重点在于软文的质量，如果广告意图太过明显，可能会产生事倍功半的效果。

比较流行的就是到处发，包括对准行业论坛，对应行业门户，例如，贴吧、母婴论坛等精准用户的地方。例如，在今日头条发布一篇微信营销的文章，对大家都有帮助，然后在底部留下一个微信号。

可以说，这是一项对谁都无害的合作。

优势：粉丝质量较高，忠诚度也比较高。

劣势：门槛不低，需要具备一定的写作能力，而且公众号有一定底气，不然关注后也会取消。

画龙点睛

★☆★★☆★

可以写一些经验，知识，技巧类的文章吸引用户观看。然后就可以在文章中引导用户关注公众号的信息。写好文章后，发布在各大和自己行业相关的网站、论坛都可以，也可以到一些平台去投稿。

依附腾讯吸粉

一、通过 QQ 空间吸粉

认证 QQ 空间，能够增强公信力，那里有很多粉丝，只要掌握方法都能找到精准的粉丝。具体方法：要去认证空间加粉，需要做好以下工作。

（1）把 QQ 空间开通黄钻。

（2）每天都要去认证空间加入一些 QQ 群加好友。

（3）每天都需要更新说说。

（4）多参与多互动。

比如，我们在认证空间中搜索“微商”相关的知名认证空间加关注，进去后查找点赞人数最多的地方，便出现点赞粉丝的昵称，有选择性加好友，重复添加即可。

二、利用腾讯系列的手机游戏加粉

就是利用腾讯系列的手机游戏来寻找“附近的人”，丢纸条加好友。适合的游戏包括“天天酷跑”、“天天爱消除”、“节奏大师”等，其余游戏大家可以自行测试。加好友的方法很简单，下载以上游戏到手机里安装好，你先用自己的个人微信号登录，然后点“附近的人”，就可以看到附近的其他玩家了。这时你可以给他们丢纸条，附上一句话，比如，加个微信号××××吧，一起玩天天酷跑，发送过去对方就可以收到了。重点是纸条的发送数量是不限制的，一般你最多能收到别人发给你的 50 个纸条。所以，这种加好友的方式比起微信直接打招呼加好友的方式限制少得多。

画龙点睛

★☆★★☆★

可以利用游戏“附近的人”来找到玩家，添加为好友，同样地，我们也可以利用“微信加粉软件来进行定位”，使得“附近的人”范围扩大到全国，就能够加更多的玩家为微信好友了。（注：微信加粉软件可以全国任意定位全自动加好友）

三、QQ 群吸粉术

面对众多 QQ 群，该怎样搞定呢？

1. 搞定群主

加群主为好友，发个私包，或者送一些你的产品试用装什么的，总之，想办法搞定群主，这样你在群里发个软文广告类的，群主一般也就睁一只眼闭一只眼了。但一定要考虑到群里还有很多群友，广告别太频繁明显，否则大家都来反对你，群主也会很为难。

2. 提供价值

别人为什么要加你，因为你能提供价值。以加入一个妈妈群为例，可以发各位姐妹今天关注了一个微信公众号，里面有篇文章写的是宝宝健康饮食你不得不学的秘密。这样就顺利地把你的公众号植入群里了，然后大家也得到了真实的内容分享。

3. 聊天后及时加

当群里有人说话的时候，你积极回复，然后加好友，通过率很高。

4. 在自己的空间发表相应日志

最好写得有阅读价值，里边放上自己的微信号，有需要的人就会主动加你。

利用贴吧引流

贴吧是一种基于关键词的主题交流社区，它与搜索紧密结合，准确把握用户需求，为兴趣而生。贴吧的使命是让志同道合的人相聚。贴吧的组建依靠搜索引擎关键词，不论是大众话题还是小众话题，都能精准地聚集大批同好网友，展示自我风采，结交知音，搭建别具特色的“兴趣主题”互动平台。

很多泡吧的人都知道，百度贴吧是非常活跃的平台，里面不乏有许多优质软文，可以用自己的微信号注册贴吧用户名，并且准备一篇以个人经历为内容的软文，写的时候尽量接地气一点，真实些。然后分段发布，通常这种帖子反应都比较快，你可以在最后来一句，感兴趣的可以加我微信，内容确实好的话，后面会有人天天加你的哦！

利用贴吧进行宣传时，还应注意以下几个方面：

（1）选择贴吧要有侧重点。选择发帖的贴吧时要有侧重点，如果单纯为了留微信号，最好选择一些冷门的贴吧，有吧主的贴吧管理一般都比较严格，发微信号、发广告很容易被删了，而冷门贴吧很少存在这样的问题。

（2）帖子的内容要有讲究。引流推广一定要用软文，一篇好的软文不仅会赢得网友的赞赏，还会让管理员对你产生好感，随手将你的文章或帖子推荐到首页。百度贴吧推广也是如此，不能硬碰。如果你能把你的宣传信息编辑得天衣无缝，那么你的帖子就会长久地保存在贴吧里面。吧主和系统管理员也是人，难免有恻隐之心。将心比心，好好做广告质量，才会带来意外惊喜。微商、代理、下级等微商术语在贴吧是敏感词，大家发帖子的时候要避免一篇文章中大量出现这些词，如果必须出现的话，请在这些词中间插入特殊符号，或者用谐音词代替，或者把文章变成图片发布。

（3）要学会利用时事热点。利用当时的热门事件结合自己的宣传信息进行推广，往往这样的帖子推广效果较好，能够吸引很多的点击率，你只需在对应热门事件贴吧里面回复即可，实践证明回复在 8 楼以下的帖子删除概率较小。

（4）寻找具有吸引力的标题。首先要写一个或几个非常有吸引力的标题，标题在一个成功的帖子中要占 80% 的地位。发帖子时，90% 以上的时间用来写标题，10% 的时间写内容。标题要利用人性的两大弱点：好奇心和贪婪心。要让每一个人看了都无法抗拒，立刻有想点击的冲动。

画龙点睛

★☆★★☆★

发帖要有技巧：同样的帖子不要在不同的贴吧中重复发，要在多个贴吧发，最少改一些标题和内容，不然你发几个就发不出去了，而且这样也很容易被百度贴吧的系统秒删。

依傍名人力量加粉

名人推荐就好像明星代言一样，可能你找不到一线明星，但是如果行业内佼佼者或大V微博推荐你的微信号的话，内容就可以获得很多阅读量，也可以获得很多粉丝和转发了。所以，我们要想办法让这些名人帮我们宣传，那么怎样才能让他们帮我们做宣传呢？你可以专门选写一些这些人的事迹，总之，在文章里面尽量多写一些他的好，他如何神威之类的。还有就是记得在文章里面留下你的微信。写完之后投稿到各大网站，我们就想办法加他为好友，还要分享到他的朋友圈里面。人都是好面子的，当他看见你这样写他的时候，他是非常有可能把你的文章推荐到自己的圈子和博客里面的。如果他帮你推荐的话，那你就有机会了。

利用名人力量加粉，可以提升名气，且可以获得较精准的高质量粉丝，何乐而不为。但缺点是有不低的门槛，需要具备一些高质量人脉，不然就要花比较高的费用来让他们转发你的文章，要他们直接推荐也没那么简单。

利用互推手段吸粉

多个公众号之间通过图文页面、朋友圈、阅读原文关注、互推中间页来互相推荐也是经常看到的，也有很多专门互推的平台，同时和20个人互推，那么就有20个人的公众号同时能看到你，一个公众号的阅读量是300，那么20个就是6000次曝光了。当粉丝量过千后，可以和其他热门微信号合作互推，这种方式可以取得十分显著的“吸粉”效果，每次往往能吸引百名粉丝关注。不过，营销者需掌握好度，谨防被举报。

互推的优势是：只要是同类型公众号，粉丝还是比较精准的，而且扩散范围大。

互推的劣势是：之前互推效果很好，不过现在用户开始慢慢排斥，转化率偏低，而且互推的形式可能影响粉丝体验，所以怎么推很重要。

利用淘宝加粉

利用淘宝加粉可以参考以下做法：

（1）店铺动态不定时引导客户加微信。

（2）店铺推广。在店铺首页、侧边栏、详情页底部等位置加上微信文字推广位。

（3）店铺装修。店招，详情页，特别是手机页面显示添加微信送优惠券等。

（4）突出微信回头客特殊优惠政策，好评返现。

（5）做快捷回复，客服引导买家下单前加微信有优惠。

（6）下单后告知加微信，通过微信红包好评返现。

（7）强调微信款式更新更快，档次更高（目前微信没有淘宝那么多规则）等。这样相当于多开一个姐妹店。

（8）比如新剧透、预告、预览活动改到微信上进行。在爆款页面放置微信文字推广信息，做“加粉有礼”的活动。

（9）利用活动。“双 11”预热过程中，完成各渠道的优惠券发放，对于未能领到优惠券的客户，引导客户关注微信，通过微信自助领券。

（10）帮派推广。如前期帮派粉丝有一定积累，可在帮派以置顶公告的形式推荐粉丝关注微信。

（11）多店引粉。

（12）挖掘历史老客户。方法：

①淘宝卡券里面有可给老顾客发优惠券的功能，可以查找所有老顾客订单和旺旺，给在线的发消息加微信。

②已卖出宝贝导出交易信息（xls 表格），把电话号码通过手机软件导入通讯录，然后手机添加微信，注意添加好友时强调顾客在你店里买过东西，现在送优惠券等。

③添加同行店铺客户信息，可信息交换，卖衣服的可以找卖鞋的卖包的，甚至可以是同行的，信息共享。流量少慢慢积累，不用害怕加不到粉丝。

画龙点睛

★☆★★☆★

客服推荐微信，在客户完成付款后或者是老客户回购时，可以让客服以快捷短语的形式推荐客户关注微信。

利用红包群吸引粉丝

在朋友圈发条微信：想要进红包群的可以加 ×××。当群建好之后拉人，选择你微信里面平时不大联系或者是做其他产品的微商进群，然后在群里公告，群人数达 100 人后开始发红包。这个时候已经在群里的朋友就会拉他们的好友进群了。群人数满 100 之后，就继续发公告：各位只要是我的好友，把我的名片截图给我，就可以得到定向红包。这个时候群里不是好友的人就会来加你了。而且还帮你截了名片在他们的朋友圈，于是就有源源不断的人来加你了。

这种模式的优点是精准客户与代理比较多，缺点是花点小钱。

》情感营销留住粉丝

一、了解情感营销

情感营销是从消费者的情感需要出发，唤起和激起消费者的情感需求，诱导消费者在心灵上产生共鸣，寓情感于营销之中，让有情的营销赢得无情的竞争。在情感消费时代，消费者购买商品所看重的已不是商品数量的多少、质量好坏以及价钱的高低，而是为了一种感情上的满足，一种心理上的认同。

营销借助内容，内容源于情感。微信营销内容是主要的，是关键的，在营销上注重内容。有利于企业进行情感营销，原因在于，有内容的东西必然有情感。在内容上让消费者产生心灵上的共鸣。将营销融入消费中，利用有情的消费赢得无情的竞争，从而抓住消费者的心理，抓住消费者的消费需求。

二、微信情感营销的技巧

1. 和客户用心沟通

和自己的用户聊天时，一定要用心，切忌一开始聊天没说几句就扯到自己的产品上，我们可以换位思考一下，如果别人跟你一聊天就推销自己的产品，你还有兴趣跟他聊下去吗？跟客户聊天的时候，我们可以赋予自己一个角色，假如对方是宝妈，那么我们就要思考，聊些什么才能跟她们产生共鸣？只有抓住一些关键点，才能让对方打开心扉，从而对彼此产生信任！

2. 追求个性

在情感营销中追求个性，一个公众号有自己的个性，产品要有个性，内容要有个性，在这里强调说明的是，一些粉丝或消费者都是喜欢追求的人群，他们选择比较特殊，而如果产品有个性的话，就是区别于同类产品或替代品最好的优势。例如，一个旅游的公众号在其栏目中设置“趣玩”，一见到这个词语，顿时有一种关注的想法，想点进去看看，而这个词又是一个双关词，“趣”和“去”同音，这样就提示粉丝和消费者去体验。这就是相对于同类旅游公众号的个性所在，能吸引粉丝关注。

3. 打造自己的专家形象

假如你是卖衣服的，你就要去学习一些服装搭配的知识，经常发一些搭配的知识在自己的朋友圈，慢慢树立自己的专家形象！客户有什么问题的话要耐心地跟他解答，也可以在自己的朋友圈设置一个话题，例如，每天帮好友搭配一下衣服！情感消费就是一种情感上的满足，只有对方在心底里认可你，才会信任你！

4. 赠送专属小礼物

可以专门定制一些带有你品牌的实用小礼物，比如，钥匙链啊、贺卡啊等，当过一些重要的节日的时候，可以发送给重要的用户，花点儿心思，写上几句温情的话，让客户感觉到这是一份与众不同的礼物！在虚拟的网络中，你用真情跟别人相处的时候，回报你的也一定是别人的真情相待！

画龙点睛

★☆★★☆★

情感营销是微信营销中不可缺少的一种方式。情感营销能提高消费者的品牌忠诚度。在微信上可以加强粉丝黏性，让顾客对企业品牌的忠诚建立在情感的基础之上。这样有利于微信营销的发展。

》利用传媒的力量拓宽推广渠道

大家都知道，通过各大媒体帮我们传播，效果是非常好的。某小编在一些网站发布了几篇文章，由于这些文章质量较高，短短的时间内吸引了1000多个高质量的粉丝。当然这些文章都是质量比较高的文章，很多朋友看见分享的方法不错，自然就会加微信关注了。这些粉丝的质量是最高的，他们是仰慕你而来的。

所以大家不妨也写一些文章去其他网站发布，发布要选好的平台。而且在文章的多个地方加入你的微信号，避免人家转载改成自己的。如果你把微信号加在文章里面的话，一般是很少有人删的。很多转载的基本也不会细看你文章里面有没有什么广告。如果你自己不会写的话，也可以到国外的网站找一些比较出色的文章来投稿。只要你的文章好，一般人都会帮你发布。但是千万不要找随处可见、百度思空见惯的文章。

》官方大号如何利用小号加粉

微信的火爆使得微商也进入了一个如火如荼的阶段。很多人都希望从中分一杯羹。但是，竞争如此激烈的微商时代，如何才能生存在电商的夹缝中？除了持之以恒的信念及行动力，一些“另类”、“奇葩”的手段也是必不可少的。其中，用微信小号去推广微信公众号就是一个不错的方法。

第一步：在开始操作之前，小号需要加上一批好友，而且数量不能太少。然后创建一个微信群，把经常聊天的好友加进去，也可以让你的小号里面的好友来创建微信群，尽量把微信群的数量提上去。接着不是在微信群里面发公众账号名片，而是先与大家聊天。等关系稳定下来，再跟群友私聊，让他们帮你把公众账号的名片推荐给他们的好友。同理，除了微信群，关系比较好的好友，也可以让他帮忙推荐。通过这样一种方式，利用好友的人脉圈子来推广，可以减小自己被删除好友或者被踢出微信群的风险。

第二步：小号除了让自己的好友推荐自己的公众账号名片之外，还可以让好友向他们的好友推荐自己的小号名片，借助好友的力量渗入他们的人脉圈子，这样一来，你的好友圈子就会不断扩大，那么后续操作就更能产生效果了。

画龙点睛

★☆★★☆★

当然，你还可以创建一批小号，先把其中一个小号养起来，也就是说先把其中一个小号加上一批好友，再向好友推荐自己的另一个小号，从而把整批的小号好友数量都带起来。玩法是可以整合多变的，滚雪球的形式带来的效益肯定比你一个小号孤军作战要强很多。一批小号养起来之后，还可以利用朋友圈进行营销。不过不建议大家在朋友圈刷广告，而应采用更温柔的方式来推广。

》创造劲爆的话题吸引客户

你可以到一些陌陌吧中发布一些话题，比如选择一些护肤、美容、时尚的女性喜欢的陌陌吧加入，在里面发布一些话题。可以分享自己的经验，但是标题必须要有吸引力。整理好软文的内容，内容要让别人觉得你很专业，你说的内容对别人有帮助，就会有很多人加你为好友，这个方法非常有效。

“宝宝树”是国内专业的育儿社区平台，通过为备孕、孕期及 0~6 岁婴幼儿父母提供高质量、多类型线上线下服务，搭建全方位平台，来满足多层次、全方位、适应时代进步的育儿需求。

“宝宝树”有上千万的人在里面互动，有很多妈妈领袖在里面。做母婴的微商，不是做性价比，而是把信任做起来才可以。

在“宝宝树”、“妈妈帮”等这些论坛里面发布一些妈妈们比较信任的话题，比如饮食、医疗方面都是她们最关注的一些问题，我们可以发布一些经验和支持，最后一定要加：我微信或者乐意和宝妈交流。

发布出去，可以自己顶自己的帖子或者是找一些朋友顶帖或者团队的人一起商量，把帖子顶上去把别人带进来，通过这种方式跟别人建立信任感，建立信任感以后再去谈产品，效果相对而言就会好一点。

画龙点睛

★☆★★☆★

另外，论坛里有好多宝妈QQ群，加进去多和大家聊，关于护肤等话题，争取把整个群的气氛都搞起来，气氛起来以后，留下微信号就果断退出，让群里的女孩去加你。也可以适当发点试用小样，让大家加你微信去领。

》借力百度热词引流术

借力百度热词引流术，具体步骤如下：

步骤一：打开百度风云榜：http：//top.baidu.com/，寻找热门关键词；从排行榜上我们就知道哪些关键词在百度上被搜索的次数较多，网民搜索次数较多的关键词就叫“热词”，比如，榜单上关键词“恶意透支27万”、“禽流感患儿出院”等（见图8–1）。

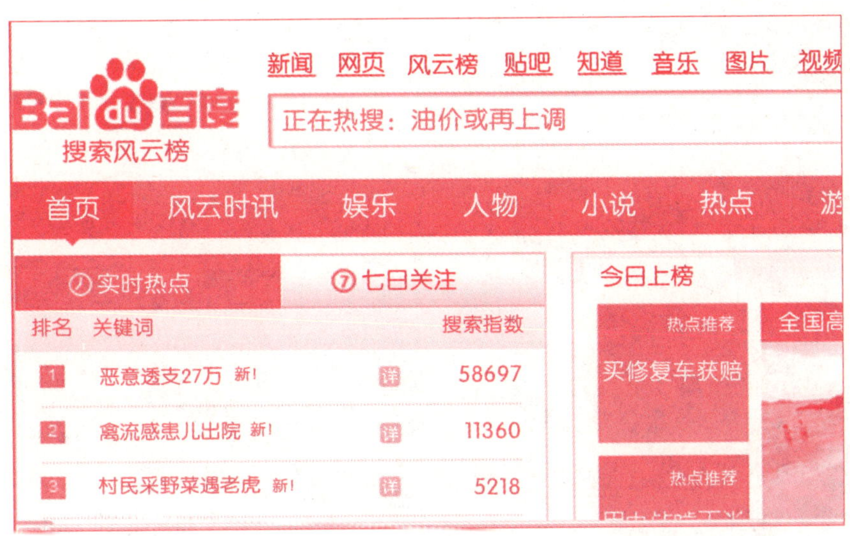

图 8-1 百度搜索风云榜

步骤二：结合“热词”发软文（将自己的产品广告与关键词融合），比如你是卖化妆品的，你就可以在各大门户网站、论坛等（只要能发文章的地方）发表你的软文广告并加上自己的微信公众号，比如，你的文章标题可以是“《重返 20 岁不再是电影，只因用了 ×× 面膜》”，这样，很多人搜索“重返 20 岁”就很可能看到你发表的广告及公众号了。

第九章　精细入“微”
——不同行业的微信营销策略

》 如何判断你的企业是否适合微信营销

画龙点睛

★☆★★☆★

众所周知，不同的行业和领域的特点不同，而切入微信营销的初衷和方式也会有所差别。但是一个企业一旦加入了微信营销的行列，那么就需要结合微信营销的特点来发展。所以，从这个角度来说，不是任何企业都适合做微信营销的。

随着微信营销的成功，越来越多的企业和行业涉足微信营销。微信 5.0 公布以来，微信的各方面功能都发生了新的变化与改进，这样更有助于企业通过微信营销来发展自己。但是，是不是所有的企业都适合微信营销呢？什么样的企业才适合做微信营销呢？

一、企业是否适合微信营销的关键点

1. 能不能精准地挖掘出新客户

客源是企业发展的关键，是企业能够生存下去的血液。到哪儿去开发新客源？用什么方法去取得他们的信任，哪些手段最节省成本？事实上，传统的营销模式早已被新型社会所淘汰，属于这个时代的，是更具性价比的营销模式，是网络营销中讲究的精准与互动行为。

“互动”讲的是微信提供的服务和内容是否讨客户喜欢；“精准”讲的是能否将服务内容成功送达目标受众并引发消费，盲目且无计划的加粉和消息推送，粉丝再多内容再好也只能是对牛弹琴、徒劳无功。

移动互联网时代，要想有效地吸引新客源，就必须遵循互动性及精准性原则。微信营销在联结企业与新客户的过程中，做到了精准与有效互动。

2. 微信会不会简化运营流程，为你节约成本

相信每一个人都希望用最简单、最省钱的方式来提高收益。如果微信实现了这一目的，那么，你就可以用省下来的时间、精力去研究其他的赚钱方法，从而拓展自己的营销之路。

3. 微信会不会为你提高产品购买率

营销的最终目的说白了就是赚钱，如果微信没有使你的订单增加，那么，这种营销模式对你来说就是没用的。与其花钱做无用功，还不如将钱投到其他能够获利的地方。

4. 能否增进与老顾客的关系并提高销量

无论是微博还是微信，一个账号想做起来，对大部分商家来说第一批活跃粉丝必定是你的老客户，运营前期你通过整合手头的各种资源引导老客户来关注，那么，这批种子粉丝关注之后，你可以给他们带来些什么？如果长期被你的价格促销影响，客户就会被你引导成价格敏感型客户，最后的结果是：一些人取消关注，一些人变成了价格控。如果你计划打造自身的微信平台，不妨先想想在现有老客户关系维护中存在什么问题，通过微信平台我们能否改善这些问题从而提升顾客活跃度，增加顾客消费频率，提高客户单量。

5. 微信能不能完善客户管理机制，有效改善运营模式

如果微信能为你带来有价值的用户反馈，并为你建立起清晰的客户数据库，从而帮助你改善运营模式，那么，这说明你适合做微信营销。

6. 微信会不会增加品牌宣传力度

品牌效应的影响力是有目共睹的，如果微信不能实现扩大品牌宣传的目的，或是起到了负面宣传的作用，那么，它对你来说就不是一种好的营销模式。

二、哪些行业适合微信营销

比如娱乐行业运营商，就很有必要做微信营销。原因如下：首先，使用微信营销，目标用户群比较大，这是娱乐行业的一大优势；其次，娱乐行业运营商的资源也十分适合微信营销服务；最后，微信对娱乐业来说也是很好的一种提升客户消费的平台和工具。而且使用微信营销，还可以让商家与客户进行很好的沟通，发展潜在用户，更好地推广最新活动和优惠活动，联系新老客户，加深客户对商家的印象。

再比如酒店行业的运营商，用户只要打开手机，就可以直接看到酒店环境，套房配置，房间价格，优惠活动，在线支付还可以享受会员折扣，那么用户在有入住需求的时候还会通过传统的搜索、查询、比较、再去选择要住哪一家吗？营销的目的是销售，微信营销的目的则是在简化运营流程、提高用户消费体验、提高时间成本基础上，达到销售目的。

另外，除了娱乐行业、酒店行业，电信运营商、餐饮行业、服装业、日常消费品超市行业、金融行业、网络业务等都可以运用微信来做好营销工作。

三、案例解析

一家做橱柜的门店，看现在微信营销比较火热，也想加入。那他是否适合做微信营销呢？下面我们来分析一下：

客户购买他们的橱柜之后，恐怕很少会再买第二次了，因为装一个橱柜，至少几年不会有问题。如果坏了，可以修理。这样一来，商家就根本没必要进行微信营销。弄一个微信公众账号上来，不但费尽周折，而且在成交之后，与客户没有什么可互动的。况且，一家橱柜店，除了橱柜也没有其他东西可以推销，更不需要售后服务。所以，这家店不适合做微信营销。

餐饮行业微信营销策略

一、餐饮行业为什么适合做微信营销

餐饮行业的特性决定了餐饮行业非常适合做微信营销：

（1）高分享性：吃喝玩乐，是大家高度愿意与粉丝、朋友分享的事情。很多人都养成了这样的习惯：别吃，我先发个微信；聚餐时合影发下微信。

（2）广泛性：餐饮服务是本地化服务，是人们最基本的生活消费之一，人们对餐饮类实用信息的需求十分广泛，每天都有人问：有什么好吃的推荐吗？

（3）实时性：人们需要的餐饮方面的信息，往往是实时的、实用的信息，微信的传播速度最快，刚好满足实时的需要。

二、餐饮行业做微信营销的好处

（1）充分利用食客的口碑传播。食客发朋友圈时，在无形之中向他成百上千的微友宣传了餐厅。

（2）餐厅的免费广告平台。只需要点一下鼠标，或者按一下手机，就可以向成百上千的粉丝派发广告。如果粉丝喜欢的话，还会转发，帮餐厅再次广告。

（3）食客交流的平台。通过餐厅的微信二维码，食客可以随时与餐厅，与现场其他食客分享自己喜欢的美食。

（4）销售平台。

（5）餐厅的团购平台。

（6）餐厅的招聘平台。

三、餐饮企业利用微信开展营销的方法和技巧

那么，到底怎样才能利用微信营销来做好餐饮业务呢？很多人面对这个问题，可能会微微一笑，并说："这很简单，只要申请一个微信公众号，然后到餐厅周围发送宣传单，在宣传单上印上微信公众号码的二维码，然后吸引大家关注。最后再在微信上为用户送上一系列的优惠券以及最新活动策划。"但真的这样就可以了吗？显然是不够的。我们可以想象一下，全国有那么多餐饮企业，大部分都会采取微信营销，但是为什么用微信营销取得成功的却并不多？餐饮企业在运营微信营销时，应该注意哪些方面呢？

1. 主打官方大号，小号助推加粉

很多商家在尝试做微信营销的时候都采用小号，修改签名为广告语，然后再寻找"附近的人"进行推广的方式。作为一种新兴的营销方式，商家完全可以借用微信打造自己的品牌和 CRM。因此建议采用先注册公众账号，在粉丝达到 500 人之后再申请认证的方式进行营销，这样更有利于商家品牌的建设，也方便商家推送信息和解答消费者的疑问，更重要的是可以借此免费搭建一个订餐平台。小号则可以通过主动寻找附近的消费者来推送大号的引粉信息，以此将粉丝导入到大号中统一管理。

2. 做好微信形象设计和内容发布

（1）做好微信形象设计。微信形象包括昵称，头像，简介，背景，活动模块……你的微信形象需要让人一眼了解你的特色是什么，在哪里，怎么定位等。

（2）做好内容发布。餐饮的微信内容可以集中在美食介绍，新品上市，促销活动，与食客互动，品牌宣传 5 大方面。

3. 餐饮企业的微信如何让用户知道

店面是充分发挥微信营销优势的重要场地。在菜单的设计中添加二维码并采用会员制或者优惠的方式，鼓励到店消费的顾客使用手机扫描。一来可以为公众账号增加精准的粉丝；二来也积累了一大批实际消费群体，这对后期微信营销的顺利开展至关重要。店面能够使用的宣传推广材料都可以附上二维码，当然也可以独立制作 × 展架、海报、DM 传单等材料进行宣传。

4. 信息监控

要全天监控，对负面信息全面掌握，并在 24 小时内处理，安慰不满的食客，通过真诚回复来感动食客。实践证明，对于食客的不满，及时地回复和有效地说明情况，可以提高满意度，食客仍会继续光顾。也有人认为不做微信营销就能避免负面评价。错！这样只会让负面信息泛滥，没有正面信息，没有处理，食客只能望而却步。

5. 打造品牌公众账号

餐饮行业在申请了公众账号之后，在打造公众账号的过程中，首先在设置页面对公众账号的头像进行更换，建议更换为店铺的招牌或者 LOGO，大小以不变形可正常辨认为准。此外，微信用户信息填写店铺的相关介绍。回复设置的添加分为被添加自动回复、用户消息回复、自定义回复三种，商家可以根据自身的需要进行添加。同时建议商家对每天群发的信息做一个安排表，准备好文字素材和图片素材。推送的信息可以是最新的菜式推荐、饮食文化、优惠打折方面的内容。一旦这种人性化的贴心服务受到顾客的欢迎，就会形成口碑效应，这样非常有利于提升商家品牌的知名度和美誉度。

6. 富有创意，优惠活动要宣传及时

餐饮业企业想要通过微信营销来取得成功，获得粉丝支持，就要开动脑筋，想出富有创意的活动和内容。当然，在这个过程中，实体店与微信的推广要同步进行，优惠活动要及时为粉丝送上。

7. 用活动吸引消费者参与

微信营销比较常用的方法就是以活动的方式吸引目标消费者参与，从而达到预期的推广目的。要根据自身情况策划一场成功的活动，前提在于商家愿不愿意为此投入一定的经费。当然，餐饮类商家借助线下店面的平台优势开展活动，所需的广告耗材成本和人力成本相对来说并不是不可接受的，相反，有了缜密的计划和预算之后，完全能够实现以小成本打造一场效果显著的活动。

8. 实体店面同步营销

店面也是充分发挥微信营销优势的重要场地。在菜单的设计中添加二维码并采用会员制或者优惠的方式，鼓励到店消费的顾客使用手机扫描。一来可以为公众账号增加精准的粉丝，二来也积累了一大批实际消费群体，对后期微信营销的顺利开展至关重要。店面能够使用到的宣传推广材料都可以附上二维码，当然也可以独立制作展架、海报、DM 传单等材料进行宣传。

9. 利用好玩的游戏

微信其实是为商家提供了一个与用户沟通的新渠道，通过不同的沟通形式和内容可以达到不同的效果。例如，通过互动游戏，可以提高用户黏性，如果游戏设计得合理，还可以引发用户带动周围的朋友一起参与，达到口碑营销的效果。

画龙点睛

★☆★★☆★

日常吃喝是普通老百姓的刚需，面对日益激烈的市场竞争，差异化竞争手段也不再是唯一的选择，微信或许将成为未来餐饮类商家打赢营销战的利器。移动互联网浪潮滚滚而来，要么顺潮而下，要么被潮水淹没，最可怕的是你还没有意识到就已经被市场淘汰了。

KTV行业的微信营销策略

无论你是否关心微信营销，我们都惊讶地发现，越来越多的行业，诸如KTV、银行、餐饮、电子商务、咨询服务等行业，都在努力探索新的营销模式，而拥有几亿用户的微信绝对是一个崭新的最佳营销途径。

一、KTV 商家能在微信内做什么

KTV 商家能在微信为客户做的服务有：

（1）提供在线下单。

（2）提供在线预约。

（3）提供包厢闲置查询。

（4）提供优惠活动。

（5）提供电子会员卡特权。

（6）提供微信在线客服。

二、KTV 商家的微信营销

（1）微信二维码放在店内醒目地方，引导到店消费的顾客关注你的公众号成为粉丝，这个是基础。

（2）做一个 KTV 公众平台。可以多搞些优惠活动，通过公众平台开展 O2O 模式。

首先通过建立公众号自定义菜单或自定义图文回复的方式实现客户公众号内即可在线下单，在线预约。再者，定期在微信公众号内做特定的营销活动提高粉丝的参与度和活跃度。在线活动类型诸如刮刮卡、大转盘等，但也不可仅仅局限于此，活动还要有足够的创意和吸引力才行。

（3）制作带 KTV 促销的信息的漂流瓶。方式：把信息放进瓶子里，用户主动捞起来得到信息并传播出去。

（4）制作带 KTV 名称的位置签名。方式：在签名档上放广告或者促销的消息，用户查找“附近的人”的时候或者“摇一摇”的时候会看见。

（5）建立自己 KTV 的开放平台。方式：把网站内容分享到微信，或者把微信内容分享到网站。

（6）向朋友圈推荐你的 KTV。方式：可以将手机应用、PC 客户端、网站中的精彩内容快速分享到朋友圈，支持网页链接方式打开。

（7）建立微信会员卡进行客户关系管理。微信会员卡通过建立专属的微信电子会员卡，根据每个电子会员卡领取用户的消费记录和微信记录，可以分析不同人的不同偏好，更好地支持个性化服务。

（8）将微信作为在线客服，在微信内做好沟通与互动，及时解决用户的各种问题咨询。微信基本每个人天天都在用，在微信内做客服极大地为消费者提供了方便，你可以很容易地体会到。如果还是用打电话的方式，要占线等待，是多么糟糕的体验和效率。如果没有一个良好的用户体验，别人凭什么选择你？

三、案例解析

某市唐人街 KTV 店通过微信营销赢得了很多客户，而这也堪称娱乐业内使用微信营销的一个成功案例。

通过调查我们发现，这个 KTV 之所以在微信营销方面取得成功，主要是因为这个 KTV 在微信公众号上会与粉丝进行一些有新意的互动，比如，通过回答问题、做小游戏等内容来博得粉丝的喜爱，如果粉丝回答得好，还会得到 KTV 的一些优惠券。

唐人街 KTV 会通过微信账号给粉丝出一些小题目或者做小游戏，给粉丝带来不同的互动和体验。通过这样的方式，不但提高了粉丝的黏性，还可以更好地让粉丝去宣传该 KTV，达到口碑营销的良好效果。比如，KTV 的微信账号设立了“K 歌达人”板块，粉丝只要根据提示唱出一小段歌词，连续答对 5 道题，就可以获得该 KTV 两小时的免费包房时间。当然也有些粉丝不一定全部答对，但只要答对 2 道题，便可获得该 KTV 提供的免费饮料若干或者代金券。

这种营销方式很容易形成圈子营销，身边的好朋友一传十，十传百，很快就扩大了娱乐消费圈，让很多人了解到这个活动。这样的营销方式既提高了 KTV 的宣传效益，增加了关注度和黏度，增加利润，又让喜欢唱歌的客户享受到了优惠。

画龙点睛

★☆★★☆★

归根结底，所有的微信营销都可以总结为公众号粉丝营销。所以关注公众号成为粉丝是第一步，但是，需要谨记的是在微信内要做好沟通互动和服务，最关键的是如何更好地服务于你的顾客（你要给一个粉丝关注你的理由，你要想想你到底给你的微信粉丝带来了什么价值）和客户关系管理，站在粉丝的角度想想他们需要的是什么，你给的可能并不是他们需要的，所以不要认为微信营销是天天发营销消息，没人愿意关注一个天天发营销消息却对自己毫无价值的公众号。

》 影院行业的微信营销策略

一、影院行业的微信营销策略

随着“互联网 +”时代的到来，国内众多院线和影院开始注重信息化运营管理。

（1）电影院可以依托微信平台开启更多的包括购票以及多种自助功能的服务，满足消费者并且为其提供更为便捷的服务。

（2）对于很多人来说，营销手段只有日新月异，才可以更好地满足消费者的需求，从而达到更好的营销效果。

（3）想要通过微信平台营销的话，那么这个时候则可以通过相应地设置微站、微店，帮助用户购票，协助商户管理票务。让消费者完成订票、选座以及微信福利等便捷服务。

二、案例解析

以国内万达影院为例，万达影院依托微信平台，实现快捷购票，多功能自助服务，轻松实现日均出票几千余张。

电影院虽然是传统行业，但是万达影院却做到了与时俱进，这非常值得同行业学习和借鉴。首先，万达充分利用了二维码的功效，万达通过在出票的票面上印上二维码，使得凡是看电影的都可以随机扫其二维码，配合其强大的服务体系，能很好地抓住粉丝。其次，万达还会开展一些活动，例如，关注微信，可一分钱看电影（限场次）、送可乐爆米花等。对于影院而言，闲时会有很多空位，不如索性用于回馈一下粉丝，这种回馈能够带来非常可观的效果。

万达影院在微信营销方面的做法也很独到，首先开发了便捷的票务服务，关注万达影院微信公众号，便可以实现在线预订、在线选座、查询热映影片和待上映影片信息、评价分享等。

画龙点睛

★☆★★☆★

随着电影院、戏剧院加盟微信营销，微信宝亦顺势推出“微票务”功能，帮助用户购票，协助商户管理票务。轻松简单的订票流程，快速有效的选座模式，用户通过微信享受便利，商家利用微信售票，加上电影院活动的“诱惑”，用户想不来都难！

美容行业的微信营销策略

美容行业都在做一个地区的服务，所以说潜在顾客都在这个地区里，美容院所要做的就是把这一群人都请到自己公众账号当中来，而一个消费者愿意去关注你的美容美发微信，肯定是对你的美容院已经有一些了解，有了一定的信任。他们想通过微信得到更多的实惠和更好更方便的服务。所以美容行业微信主要起到做服务的作用。

一、微信营销首先得做好“微代言”、“跨平台”和“精准”

对于做传统门店生意的美容院来说，微信最直接的价值有三：一是通过推送信息或互动带来新的客户；二是维护和管理客户关系，应对老客户的咨询，促进交流，提升品牌忠诚度，从而提高客单价和介绍新客户的比率；三是促进品牌口碑形成，整合其他营销手段，提升营销效益。

美容院要做好微信营销，首先得做好“微代言”、“跨平台”、“精准”。

1. 微代言

新的社会化媒体营销的核心就是微代言，要想在社交网络立足并有所发展，就必须找到与自己品牌定位相适应的名人进行“微代言”。

2. 跨平台

在互联网用户被不同平台瓜分的情况下，只有针对每个社交平台的特性进行营销活动，才能达到推广目的，也是每个企业必须关注的问题。

3. 精准

如果用错了名人不仅不会有好的效果，甚至会给企业带来负面影响，所以企业在选用名人时应“精准”。

二、美容行业的微信营销策略

1. 吸引潜在用户关注公众号

招募粉丝有 3 种方式：店内外摆设微信二维码，给老会员发短信链接，在团购网站活动介绍中加入二维码或商家微信号。

2. 会员消费

通过微信公众号内领取微信会员卡成为会员，会员顾客消费享受了一定的特权（折扣或优惠），可以鼓励其分享朋友圈以发展新会员。在结账登记消费记录时，提醒会员完善客户资料，并刺激客户不断前来消费。

有了微信公众平台，会员的管理都会方便很多，也会便利很多。每到美容院有新的项目或者活动都能通过微信进行通知，可以通过微信公众平台进行一键群发搞定，前提是必须把我们的顾客都加入到微信好友里。促销，活动，所有的内容都能设定，设定固定的时间发送。

3. 对不同的顾客进行分层管理创建营销活动

发展一个新会员的成本是维护一个老会员成本的 9 倍，而一个顾客的终身价值 = 重购客单价 × 重购次数 – 顾客获取成本，所以这就要求我们对用户进行分层分级管理，通过筛选出相应的目标顾客进行个性化的营销活动和服务，提升顾客的重购次数和客单价。

4. 做好微信互动方面的基础服务

美容院也可尝试发送一些美容知识，或护肤小贴士，告诉消费者如果转发一个好友即可获得多少积分，累计多少积分便可换取礼物，这种间接的分享也是口碑营销的一种有效手段。

在微信互动方面，美容院可以参考以下几种方式：

（1）趣味性的互动游戏。美容院可以把护肤和星座等女孩子比较感兴趣的话题结合起来，在用户喜欢的话题中植入产品或促销，无声地将产品推广。

（2）有奖问答。让粉丝回答公司官网或微博上的近期动态，或有关品牌的信息，再赠送产品或试用装，问题不可过于复杂，主要目的还是让粉丝关注企业的其他媒体如官网、微博等，形成关注的习惯，提高用户黏性。

（3）根据粉丝的特点进行有针对性的信息推送。根据粉丝的爱好，或根据其身体、皮肤的特点，分类归档并进行有针对性的信息推送，如容易长痘的推荐去油产品、最近在瘦身的推荐饮食搭配等。

画龙点睛

★☆★★☆★

微信绝不是一个发广告的窗口，而是需要用心去经营的一个能够串起企业整个营销环节的链条。假设你的品牌以及品牌所涵盖的产品、服务、身份象征、文化等无法让消费者接受，产品促销跟不上节奏，那么粉丝就算关注你的微信也没用。假设你没有把握好活动的技巧，连网络美工都没有，品牌视觉效果差，那么一样会被冷落。

服装行业的微信营销策略

如今人们的消费方式在慢慢地变革，消费者在消费的过程中更加偏向于互动和服务性的消费。更大的商机蕴藏在互动和服务中，而微信营销恰好能够将服务与互动紧紧地结合在服装营销中。好的创意能够提高访问率，良好的用户体验也能让信息在用户与用户之间传递。服装企业在利用好为微信运营的时候也可以从给用户留下深刻印象入手。

在服装市场，开店的基本上是自有品牌性质的服装厂，进行服装批发或定制。服装市场的主要消费群体在全国各地，特别是三四线城市开店的个体商户。这些个体商户拿货一般得乘飞机或者坐火车不远千里跑到专业市场，来寻找适合自己店铺销售的款式。

服装市场可以把微信作为一个入驻商家的集中展示的工具，让客户自行查阅。

画龙点睛

★☆★★☆★

各个服装厂把本店的在售款式集中提交给服装市场，包括每一款产品的图片、细节图、模特图、型号、材质介绍、价格等，服装市场运营方把这些资料收集起来，每个品牌对应一条最新图文信息，定期更新，让商户通过店铺编号或者品牌名称为关键词逐个去浏览，选择心仪的款式，合适后再回复关键词索要商家的联系方式，以便进一步联系。

一、服装市场微信营销的好处

（1）商户们不用大老远跑去各地服装市场去选购服装，直接在微信上就可以找到，并直接电话预订，信息获取和订购都将因此简易得多，再也不用每月跑一两次服装市场。

（2）在服装市场里开店的服装厂不用担心因为淡季、下雨等外部因素影响生意。

（3）服装市场可以为各个服装厂提供更多的生意机会，更有效地把商家聚拢在一起，提高商家对服装专业市场的信心和经营积极性，提高本专业市场的交易量和竞争力。

（4）省去服装厂的微信营销探索成本。微信营销的实现要求服装厂本身具有一定的互联网基础，并有一定的人力投入，还要有讲故事的内容和品牌营销能力。服装个体商户一般都是比较时髦的人，对新鲜事物的接受程度比较高，使用微信的比例相当高。因此，使用微信营销不需要付出较高的教育成本。

（5）服装厂本身一般都有固定的客户群，他们可以通过专业市场公众账号上自己的图文信息转发给自己的老顾客，提前让老顾客知道自己推出新款式，而不必等老顾客来了才能看到，或快递样品。

二、服装行业做好微信营销应注意的几点

想让服装品牌在微信营销中做得成功，需要注意以下三点：

第一，做好富有创意、新颖的标题策划。在这一点上季候风做得相对好一些，不但迎合了相关人群的兴趣点，而且还打造出了唯美多情的意境美，让人流连忘返。

第二，需要更新最新的优惠、秒杀活动。

第三，一体化流程要完备，比如，物流、购物、款式选择等，这些都要做到位。

做好了这些，那么你的企业一定能够通过微信营销取得成功。

三、服装行业做好微信营销的步骤

随着微信产品的不断演进，利用微信辅助品牌营销的"占位战"已经打响，众多服装企业主页看到微信对传统服装业的冲击，纷纷开通了自己的企业品牌公众账号。在移动终端的快速发展中，微时代已经来临，人们将面临更大的信息潮，如何将信息有效传达，在信息的传播潮流中突出自己的品牌，是企业品牌营销目前面临的问题。

微信公众账号本身就是服装品牌数字化生存非常不错的平台，官方微信打造的是轻 App 的形式，粉丝在阅读资讯的同时也可以在线购物，这样和传统销售方式比起来，更有利于促进消费者对品牌的深度认知，深入了解每一款衣服，了解设计师的设计灵感和初衷。

服装行业做好微信营销的步骤如下：

1. 根据企业的品牌，将服务做好

为了提高点击率和关注度，微信营销中最重要的就是具备创意，并且要建立在突出品牌的基础之上，将服务与技术认知相伴其中。

2. 通过互动加强用户体验

通过微信的互动，企业将消费者和品牌拉近，不仅能够让消费者更多地了解品牌，也能从消费者的建议中了解品牌发展的不足和之后的发展之路。

3. 让微信成为良好的感情营销平台

情感营销在微信平台最容易实施，并且效果明显，在微信中用饱含情感的推销激发消费者情感上的共鸣，激发消费者对于品牌的向往，可以显著提高品牌在消费者心中的认可度。

4. 结合图片微电影的表现方式

微信营销应该发挥其最大的优势将图片视频这种表现方式运用到位，这种方式能够让消费者更快消化并且印象最深，企业可以通过微电影将品牌形象融入剧情当中，用更加有创意的方式吸引更多的眼球。

四、案例解析

最先在微信营销这块土地中开辟空间的服装企业其实不少，比如，凡客诚品这个被大众所熟知的潮流品牌。

VANCL（凡客诚品），由卓越网创始人陈年创办于 2007 年，产品涵盖男装、女装、童装、鞋、家居、配饰、化妆品七大类。创立 9 年以来，凭借极具性价比的服装服饰和完善的客户体验，凡客诚品已经成为网民购买服装服饰的主要选择对象。凡客诚品的成功，与微信营销息息相关。

你能想象这样成功的企业居然没有一个实体门店吗？那么它是依靠什么来推广营销的呢？主要是网络营销。网络营销是凡客诚品的一大特点。不管是搜索引擎、游戏植入还是视频，凡客诚品都不会放过。而随着微信营销的火爆，凡客诚品当然也不会放过这块“肥肉”。

打开官网的右上角，你会发现在最右上角有一个微信的标志。点击进入之后你会看到凡客微信平台。随后，只要扫一扫凡客诚品的二维码，就可以关注凡客诚品的微信公众号。

只需要点击并绑定你在凡客的账号，就可以轻松进入凡客商城，享受微信带来的便捷服务。不但可以通过微信快速查询物流位置、送达时间，还可以获得凡客最新的优惠活动，让你秒杀成功，不留遗憾。

在凡客诚品的微信公众号上，绑定账号之后，可以快速实现手机购物、促销推荐、快递查询、秒杀团购、购物车等。而且微信 5.0 推出之后，粉丝可以通过微信在线支付，因此，用户只需要微信就能在凡客诚品商城随时随地愉快购物，省去了很多麻烦。

在微信营销中，客服人员还会与用户进行一对一的交流沟通，这也充分体现了凡客对微信营销的格外看重。

》快速消费品行业的微信营销策略

快速消费品，指的是使用寿命比较短，消费速度比较快的消费品。快速消费品界定包括包装的食品、个人卫生用品、烟草及酒类和饮料。之所以被称为快速，是因为它们首先是日常用品，它们依靠消费者高频次和重复的使用与消耗通过规模的市场量来获得利润和价值的实现，典型的快速消费品包括日化用品、食品饮料、烟酒等；药品中的非处方药（OTC）通常也可以归为此类。

快速消费品行业偏重营销取胜。对于这些企业来说，要想让自己的产品变得快销，就必须紧跟时代潮流，密切关注消费者需求，深度研究消费者的各种行为，充分利用各种社会化媒体及互联网工具。微信的出现，满足了快销行业的营销需求。

一、快消品行业的微信营销方式

快消品行业的微信营销方式主要有以下几类：

1. 陪聊式微信营销

微信公众平台也具有媒体属性，与微博营销相比，它的精准性、私密性更强。很多微信用户也是基于此才关注了某些快消品品牌的微信公众账号的，然而却发现对方只是一个冰冷的机器人，对此感到非常失望。

基于用户这种陪聊式互动的需求，微信营销账号应该致力于为用户提供良好的沟通体验。快速消费品品牌“杜蕾斯”在这一点上就堪称典范。

鉴于杜蕾斯的成功，飘柔品牌也开设了相关的微信营销策略。杜蕾斯的微信昵称为“杜杜”，而飘柔的微信客服人员则给自己起了比较深情浪漫的名字“小飘”。而“小飘”不只是“陪聊”，说段子，还能与用户粉丝一起唱歌等。

陪聊式品牌微信满足了许多用户希望私密聊天的需求，但当品牌收听者达到一定数量级以后，需要更多的专职陪聊人员来维护，当人员不足的时候，很可能会影响收听者的体验。

2. 客服式微信营销

蒙牛这个品牌因其多次出现产品问题，常年来口碑一直备受诟病。其微信公众账号有三方面内容：对话备忘、焦点提问和牛奶君说。从内容来看，其实它的定位是微信客服，主要意义在于与消费者沟通，回答消费者的一些疑问。值得注意的是点开对话备忘中的历史遗留问题，便可了解蒙牛过往的产品问题。品牌微信做客服的好处有两个，一是不骚扰；二是可以在封闭空间内解决产品问题。

3. 促销式微信营销

对于快速消费品行业来说，最重要的是快，唯快不破。那么怎样的微信营销才能让快消行业的销售快速增加呢？当然这还要从微信讲起。在这方面，众多快消行业企业得出的经验是：做好微信促销。

在做微信促销时，优惠信息应运用社会化营销的方式，比如，精美设计的海报、与时事结合、关爱般的文案，都会使它的促销信息看起来不那么生硬，用户会更容易接受，也在一定程度上完成了品牌传播的任务。

画龙点睛

★☆★★☆★

如果说促销式营销是满足了客户最直接的求优惠需求，陪聊式微信营销是满足了收听者沟通的需求，客服式微信营销就是满足了用户希望解决问题的需要。不同的品牌面对不同的用户需要有不同的微信营销策略。

二、快消品微信营销要点

1. 定位要准确

不同的品牌微信需要根据自身的需求进行不同的定位，这里的定位包括两方面，首先是基于自身的定位，你是要做品牌、产品还是客服？自身定位不同，内容是不一样的；其次是基于收听者的定位，你的收听者应该是你的铁杆用户、普通消费者还是经销商，它的内容也是不一样的。

蒙牛微信的自身定位为客服微信，而收听者定位为消费者，此定位使蒙牛专注于回答收听者的疑问，解决收听者遇到的问题。

2. 推送内容不应构成骚扰

大多数微信用户会比较反感公众账号高频率地推送自己并不感兴趣的内容。对于大多数品牌来说，如何把握推送内容及数量是微信营销成功非常关键的两点。因为推送少了，起不到传播的作用，推送多了，可能引起收听者厌烦而取消关注。但就微信这个相对私密的平台来说，品牌微信的内容应该做到宁缺毋滥，去繁从简。如果品牌微信定位为客服，那就要尽量少发内容，把主要精力放在互动和沟通上；如果定位为产品，就要对内容精挑细选，并选择合适的对象推送；对于定位为品牌传播的微信，一周推送的内容最好不要超过 3 次。

3. CRM 客户管理

微信公众账号的后台可以对所有的收听者进行分组管理，品牌微信一定不能忽略这个功能。一般来说，品牌微信可以建设六类收听者，包括消费者，活动用户，行业人士，媒体记者，企业员工和经销商伙伴；而产品微信可以建设三类收听者，包括潜在用户，重度粉丝和会员。分组建好之后，再推送内容时可以分范围推送。比如，若推送内部新闻，可以推送给企业员工；若推送企业申明，可以推送给媒体、行业人士；若推送促销信息，可以推送给消费者，等等。这样可以适量避免把不需要的内容推送给用户的状况。

4. 微信和微博整合好

微信和微博是不同的两个产品，一般的品牌都同时拥有官方微博和官方微信，如何使二者更好地分工合作，是企业需要考虑的问题。

》电商行业的微信营销策略

现在的微信月活跃用户超过 7 亿，如此庞大的用户群体，我们应该好好把握住这难得的机会，好好地尝试这种新的销售方式。我们在微信上卖任何东西，核心价值是我们的用户与产品。只要有铁杆粉丝，产品过硬，再加上策略实施得合理有效，任何账号我们都可以运营起来。

一、电商行业加入微信营销的必要性

（1）微信作为新鲜事物，对移动互联网用户来说吸引力度非常大，用户体验意愿很高，对微信上链接的点击意愿也非常高。

（2）与其他网络营销相比，微信公众账号几乎没有费用。企业或者个人只需电商将自己的新老用户聚集到此便可成功展开营销活动，快捷并且节约成本。

（3）微信可实现开发平台技术接口与电商内部所有数据业务系统打通，实现微信闭环售前咨询、售中促销和售后反馈。而这一技术打通之

后，都是自动实现的。

（4）微信是真正的F2F营销，在微信闭环生态系统中，用户可以通过电商公众账号一站式获取所有电商服务：售前沟通、售中促销、售后反馈。

（5）微信很多时候是朋友间的沟通工具，由于这个属性，可以增加客户对电商产品的信任。

二、电商行业微信营销运营推广技巧

电商行业在做微信营销推广时可以参考以下技巧：

（1）标题突出，有吸引力。

（2）配图优美，引导点击。

（3）正文精短，突出对用户有用的信息。

（4）精通投放、灵活穿插，实现精准推送。

（5）网址可信，跳转快，缓冲少。

（6）奖品诱人，获取容易。

（7）多做有奖活动，规则简单，操作容易，让用户的操作不要超过3步。

（8）口碑营销。鼓励用户推荐微信公众账号给身边的朋友，如分享到朋友圈，QQ群等。

三、电商行业微信营销策略

1. 进行微信大众账号定位

电商的微信大众账号能够分为纯粹的推行号，也能够定位为共享产品内容的媒体号，在内容中插入购买链接。

2. 做好微信的新老客户分组

电商微信大众账号的大量粉丝都来自于线上，客户众多，因此，做好新老客户的分类十分重要。首先，使用微信大众平台现有的分组功能，也是能够取得预期的效果的。接下来即是实时监控大众平台的实时信息，针对不同的回复将粉丝归入相应的分组。当然，添加备注也是必要的，能够方便后期调整分组。

3. 店铺促销活动粉丝主动共享

进步转化率的关键在于粉丝主动共享内容到朋友圈和微群，特别是店铺促销活动的时候。一般而言，朋友之间的这种共享转化率都很高，特别是一传一、十传百之后，能够形成不断分散的作用。因此，卖家能够考虑跟草根达人协作，利用其影响力来达到口碑推行的目的。

四、电商微信营销如何提高粉丝忠诚度

第一，淡化营销味道，避免引起用户反感。一味地发广告只会让用户反感你。

第二，把握好发送频次，一周 1~2 次比较适宜，天天骚扰，用户肯定取消关注。

第三，内容经营是王道，趣味、简短、有吸引力，内容精度要做足，做好小范围的内测，改进后再发送。参考标准：让用户在 3 秒之内有兴趣继续看。

第四，灵活利用其他工具的配合使用，如微博、QQ、淘宝旺旺、邮件群发、短信群发等。

第五，多做有奖竞猜活动。

画龙点睛

★☆★★☆★

微信本身一对一的沟通，以及朋友之间沟通这一特性，让销售在这一体系中变得如鱼得水。朋友间的推荐更可信，而微信营销恰恰符合这一属性。相传现如今淘宝 10% 的流量都是从微信导入的，虽然有点夸张，但微信对电商的促进作用不可小觑。

》金融行业的微信营销策略

随着微信支付功能的开通，人们对"微理财"也越来越关注。一些嗅觉灵敏的银行、基金公司、保险公司等金融行业开始纷纷抢驻微信平台，围绕微信展开了一场营销大战。像我们熟知的招商银行、工商银行、华夏基金、南方基金、平安人寿、泰康人寿等，都是微信营销大军中的一分子。

一、金融行业微信营销与其他营销方式的比较

金融行业以前更多是采用B2B营销、短信营销、电话营销等，但这几种营销模式一直都存在无法解决的死角。其中，B2B是指进行电子商务交易的供需双方都是商家（或企业、公司），她（他）们使用了互联网的技术或各种商务网络平台，完成商务交易的过程。金融行业在采取B2B时，费用没少花，但是效果并不理想。短信营销也存在诸多问题，比如达到率低、打开率低、实际咨询人数少、目标客户反感等。电话营销很多时候效果更差，各种保险、理财、售房电话骚扰，客户不胜其扰。金融行业的消费人群层次相对较高，营销时更应该注意方式。短信和电话营销方式比较容易让人反感，不仅不能取得预期的效果，甚至还会让消费者对品牌产生厌倦和反感。此外，短信和电话营销的成本也很高。

与上述营销方式不同，微信营销不存在以上问题。微信营销价格低廉，到达率高。

二、金融行业的微信营销策略

1. 通过微信平台可以优化基本服务

以银行为例，可以将账单查询、转账汇款、理财产品推荐、生活缴费等基本服务搬到微信平台上，这样可以省去客户跑营业厅的麻烦，充分利

用时间碎片来提高银行的工作效率，从而增加盈利。

2. 通过与其他行业的整合，打造更优质便民的服务

比如，有的银行会采取“刷 ××× 银行信用卡，看电影享半价优惠”的信息，这就是银行与其他行业展开商业合作，为客户提供便民优惠的服务。这一方法非常适合银行信用卡推广，既可以增加客户量，还能够提高银行的知名度。

3. 开展创意金融活动

前面章节所提到的招商银行的“爱心漂流瓶”就是一个成功案例。其“小积分，微慈善享”活动不仅服务了社会，而且还为自身赢得了良好的口碑。金融行业可以根据自身需要，结合时下热点开展一些创意活动，这样能够调动客户的积极性，有效拓展粉丝圈。

三、案例解析

下面以中国银行的微信营销为例，介绍一下金融业的微信营销：

步骤一：首先打开中国银行微银行的微信公众号，进入后，中行的微客服会为用户提供一系列的贴心服务。

步骤二：通过中行微客服的这种引导，你可以询问任何关于投资理财、信贷储蓄的问题。在下面一栏中，可以看到“小助手”和“金点子”按钮。当点击“小助手”时，会出现更多详细的内容。比如，最新的利率、外汇牌价等内容。

画龙点睛

★☆★★☆★

当然，如果你要去周围的网点办理业务，而又不知道具体地址时，那么你还可以点击“小助手”中的“周边网点”，让中行微信帮你具体地找到离你最近的中行网点，而且中行微助手还会为你找到最合适的乘车路线。

》地产行业的微信营销策略

在传统的房地产营销中，通常会运用网站门户宣传以及投放视频媒体广告等下血本的方式来进行宣传造势，虽然会收到一些效果，但是费用不菲。另外，房地产企业还会做一些报纸、杂志、电视广告，人工宣传，展销会等，这些营销费用也相当高。所以对房地产企业来说，如果有一个平台可以将自己花费的营销费用减低，那么它们是很愿意的。而微信的兴起，正符合了它们的愿望。所以，房地产企业纷纷在微信这个湖泊里下水捞鱼。

一、地产行业微信营销的优势

地产行业微信营销的优势体现在：

第一，为房地产行业开启更为精准 LBS 定位＋兴趣定向的投放纬度；

第二，进一步开启线上的房产行业销售闭环的体验；

第三，为房地产行业提供更为精准的数据报告；

第四，为房地产行业提供专属的大型营销配合；

第五，开启房地产主题系列活动。

二、案例解析

以腾讯房产为例，用户进入腾讯房产界面时，会清晰地看到该企业的导航，有“楼盘搜索”、“看房团购”、“购房宝典”等内容。这说明，在这里，用户可以获得更为准确的一手房产信息资料。在“楼盘搜索”中，你可以搜索到任何位置的房产信息。这其中的楼盘信息很详细，而且里面包含的价格、优惠情况等信息都很全面，还附有电话咨询。用户可以一目了然地看到自己需求的所有房产信息。当然，如果是新手，还可以从这个企业的微信中得到购房宝典等帮助信息。另外，对那些精打细算的用户来说，企业还设有“团购”环节，能为用户更加节省金钱和时间。

画龙点睛

★☆★★☆★

随着“互联网 +”的深入，互联网已全面与各行各类的传统行业融合，在房产、汽车、金融、物流、娱乐、零售等领域，也催生出越来越多垂直服务网络平台和媒介圈，而在垂直细分的网络媒体世界里，内容情境与粉丝运营的结合，让营销更潜移默化地影响购买决策。因此，最有效的整合营销传播应该是借助媒体优质内容与资源，运营品牌消费关系网络。

旅游行业的微信营销策略

旅游行业作为一个典型的注意力经济，对营销手段极为敏感，更加凸显了现代化网络营销的重要性，微信和微博，在这短短的几年时间里将传统的营销理念彻底颠覆，将“微营销”的概念灌输给整个旅游业，不但提供给游客更加便捷的信息获取通道，也为各大景区、酒店、航空公司等旅游相关产业提供了极为优越的营销推广平台。

一、旅游行业使用微信营销的必要性

1. 有利于优化旅游企业的形象

进行微信营销之后，公司的宣传也由以往的单方面营销转变为多方面的沟通型营销，改变了公司内部以往的工作机制，微信营销有助于旅游企业提高自身对客户需求信息的反馈能力，这样旅游企业就能将微信打造成一个集在线客服、信息提供、互动营销、形象展示以及关系维护等功能于一体的多功能营销平台，从而优化旅游企业的整体形象。

2. 让游客即时有效地得到旅行信息，宣传更具针对性

从游客角度来讲，无论是去什么地方旅游，肯定是先了解旅游度假信息，景区景点信息，然后再找酒店安排食宿和确定出行方式。所以旅游度假信息供应商（如旅行社、各大旅游网站等）以及作为个体的景区本身如何第一时间及时有效地将信息传递出去最为重要。由此可见，在微信公众账号中，将各个景区地点等信息全部整理好，做成自动回复的模式，是目前最为有效的一种方式。

3. 有利于加强企业与客户的互动

旅游企业要想用微信营销取得好的营销效果，那就必须和客户建立良好的关系，与客户经常进行互动，这样才能达到长期发展客源的目标。旅游企业在微信上对自己的一些业务进行推广，客户在体验后会直观地反馈体验效果。而长期与客户保持紧密的联系，可以使客户有更加深刻的体验，客户体验的感受好，就会在他们自己的朋友圈进行推荐，旅游企业面对的营销范围就会进一步扩大。

4. 让用户可进入站点查看完整信息，更具有诱惑力

在推荐的文章下，适当地在结尾放入线路报价并附加该线路的购买网址，用户就在不知不自觉中被引导过来。旅游本身是一个体验之旅，风景永远不会过时，美文永远不应沉睡。这时就可以借助第三方平台来为旅游品牌提供更加人性化的服务，发布美文、文章分类、内容沉淀，无论是电脑端还是移动端，即使是跨屏也能给粉丝带来完美的体验。

二、旅游行业微信营销策略

1. 打造特色公众平台

旅游本身就是一种探索未知的过程，开通微信公众号，介绍各地风俗人情自然是首要对策。在公众平台上要突出旅行地点值得一去的优点，特别是特色历史景点、酒吧、美食、博物馆、游乐园等，也包括当地的出行

注意、消费须知、文化差异等。可以聘请专职人员写旅游后的感悟和经验发表到微信上进行实时推送，适当加入视频这个冲击力更强的形式，增加营销模式的感染力，让受众能更具体地感受到“虚拟之中的真实”。

2. 内容是“微营销”成功的关键

内容不仅仅限于文章、图片等，一个好的活动也属于内容的范畴。想去一个地方，却迟迟没有成行。如果微信上每天都收到这个目的地推送的诗一样的介绍、震撼级的图片，还有隔三岔五的优惠券、好活动，那迟早有一天会忍无可忍地上路了。

3. 灵活应用二维码

由于旅游在大多数情况下并非重复性消费：单纯的景区、企业内容很难长时间维持关注。关于这个问题，景区、企业可以利用微博、微信，定期为游客发送优惠二维码，前往景区扫描二维码即可获得礼品或折扣优惠，为游客提供一个再来旅游的理由。有地区特产的景区也可以通过微博、微信，将商品与淘宝等购物媒介绑定，形成景区体验、微博（信）宣传、淘宝购买的产品售卖链，让本来只能作为副产品的旅游特产成为另一个具独特价值的品牌。

4. 塑造良好景区形象

做好微信公众平台建设，塑造良好景区形象是吸引用户群的一大重点。内容上不仅要有框架还要有深度，讲究体系化，要把重点经营的路线形成系列，让用户产生即使暂时不订购，也会饶有兴味地阅读并分享给微信上的好友的行为。根据调查发现，微信公众号推送的文章被分享到朋友圈多次之后，再有用户分享到朋友圈，其他好友都是看不止一遍的。通过这个手段可以保证每次内容或促销信息推送获得最大用户量的覆盖，最大化口碑传播效果。

5. 注意交流和互动

微信作为沟通工具，交流是重中之重。旅游“微营销”不能只局限于向游客传递信息，也必须有游客反馈的渠道，并要即时回复，有问必答，甚至将企业、景区打造成拥有个性、思想的“人”，沟通不但可以活跃用户，增加游客满意度，更可以从同游客的交流中收集反馈信息，及时改进不足。

6. 地理定位，实行精准推送

旅游微信营销就可以利用微信的定位功能，按照区域、类型不同的受众进行不同内容的推送，从而达到精准宣传的效果。例如，在旅游接待中心、火车站、机场等地，利用“摇一摇”或是其他更多功能，向这些不确定对象推送目的地景区、酒店等实用信息。又如，可以在旅游景点周边搜索“附近的人”，针对距离近、出行方便等特点进行宣传推送信息，利用地缘优势来吸引周边的人前来旅游，从而不断提高知名度。

7. 明确企业经营理念

旅游企业的经营理念代表着一个企业对待消费者的态度，态度的好坏直接影响消费者的选择。明确旅游地、旅游企业的经营理念，确定旅游产品的类别、品味和市场定位，从而形成对旅游产品准确而清晰的认识，建立表达和传播旅游产品的主题和宣传口号，进而塑造品牌的良好形象。

三、案例解析

有着六百年历史的故宫在微信营销方面打响了第一炮，首先推出了微信公众平台，公众服务号为“微故宫”，于2014年元旦正式上线，世界各地的游客可以通过关注故宫的微信公众账号“微故宫”来饱览故宫古建筑。

游客可以利用该公众平台的微语言、微话题和微展览功能，随时到掌上故宫博物院逛一逛。还可以注册“微故宫伙伴卡”成为会员，实时参与互动。

该微信平台还开出其他功能，比如，“看一看”、“逛一逛”、“聚一聚”三个分栏，为用户提供看展讯、上课堂、收快报、参观指南、品展览等服务。与此同时，“微故宫”还定期组织微话题，推出微展览，为观众提供全面、立体、便捷的服务。

故宫的微信公众平台是旅游业微信营销的一个典型成功案例，值得其他景点景区借鉴学习。

酒店行业的微信营销策略

微信营销是随着互联网高速发展而衍生的一种低成本、高性价比的营销手段。通过“虚拟”与“现实”的互动，建立起涉及产品、渠道、市场、品牌传播、促销、客户关系管理等更便捷、高效的整合营销平台。使营销资源合理配置，达到以小博大、以轻博重的营销效果。

在传统行业中，酒店行业的发展可以算得上突飞猛进，尤其是在经济日新月异的今天，酒店之间的竞争也变得愈加激烈。那么酒店行业能不能运用微信营销来提高自己的竞争力呢？答案是肯定的。那么微信营销与其他传统渠道相比有哪些优点呢？酒店微信营销的策略有哪些呢？

一、传统分销渠道的弊端

（1）传统网站营销。酒店投入上千元，上万元，甚至几十万元，搭建企业网站，通过搜索引擎等推广手段吸引客人关注。同时，还需要结合其自身实力与市场需求构建网络预订系统，投资不菲。但推广成本和酒店营业额往往呈现倒挂，但是收益并不如预期的好。

（2）行业平台营销。以携程、芒果、艺龙等知名旅行网络营销平台合作，通过成为其会员，拉动宣传力度，扩大知名度。但是，合作平台自身的稳定性，以及占据销售额 15% 的平台合作成本，使酒店始终无法摆脱“寄人篱下”的尴尬局面。

（3）资讯平台营销。酒店将相关信息发布至各大知名生活咨询平台，如大众点评、火车票网等资讯类网站，通过会员点评等形式，将酒店信息登载于网站，为潜在客户提供体验式信息服务，吸引客人注意。但同行业信息较为庞杂，信息可信度较低，收效并不理想。

二、酒店微信营销的优势

酒店行业开展微信营销的好处如下：

（1）开拓市场宣传新渠道，塑造企业品牌形象。

（2）增强与关注客户群的互动，进一步发展潜在客户。

（3）及时推送酒店的各种促销、优惠信息，吸引客户预订。

（4）酒店无须任何资金投入，即可免费获取微信公众平台运营管理权限，零投入，功能全。

三、酒店行业微信营销策略

1. 完善酒店预订功能

设置便捷的微信预订功能对酒店来说，相当重要。一方面，这样可以免去客户打电话或跑到实体店预订房间的麻烦；另一方面，还能快速为酒店增加订单。我们可以设置关键词预订或借助自定义菜单开发预订功能，再配以清晰的房间全景图展示，这样能够更好地吸引客户关注，便于客户自主选择。

2. 打造便捷的 CRM 会员系统

对客户做好管理和服务是每一个酒店应该具备的基本素质，这样有助于拉近客户与酒店之间的距离，还有利于酒店及时根据客户需求完善整体服务。我们既可以借助微信后台数据统计统筹管理用户群，还可以根据实体店的客户反馈来整理客户意见。

3. 在客户入住时注入微信营销

（1）房卡使用，其一是开门，其二是插卡取电。目前的开门方式主要有两种：其一，微信开门、NFC 开门，企业可根据自身情况而设置。其二，取电，可与开门后关联。采取个性化功能设置，是为了让用户有更好的体验，减少操作成本。

（2）入住房间。酒店企业可根据房间可提供的服务来设定：微客服务取代电话，微信点餐取代电话点餐，微信送水取代电话送水。传统的酒店，客户有需要服务的时候，沟通渠道唯一，即电话效率低。完全可以使用微信取代电话沟通。此外，客户入住过程中，房间内可以放置一些产品，通过二维码，用户可以去购买，进而实现酒店周边收益，但其产品需要好好打量。

4. 做好互动服务

这需要酒店配备相应的微信后台服务人员，并且要保证客服人员具有很强的执行力，及时与客户沟通，为客户提供相应的服务，切实为用户解决问题，这样才能提高用户的忠诚度，有助于酒店长远发展。

四、微信营销最核心的内容是建立会员体系

开展微信营销的目的是拓展营销渠道，实现会员发展和积累。微会员的实际消费是微营销的最终目的。如何不掉粉，不流失会员，取决于微信平台解决“粉丝黏性”的能力。

提高“粉丝黏性”的方式有多种，其中酒店常用的方式有：会员积分计划、代金券发放计划、优惠券派送计划、礼品券抽奖计划，以及积分兑换政策。通过以上方式，可以起到提高粉丝黏性、周期性唤醒消费的作用。

酒店微会员系统还应有相应消费跟踪、管理功能，便于酒店综合分析各项数据，掌握消费者差异化需求，及时调整各类营销措施。

画龙点睛

★☆★★☆★

微会员还应该与实体会员卡打通，彻底实现实体会员即时享受酒店促销性优惠活动，同时创造微会员向实体会员转化的可能。微会员与实体会员是辩证统一的关系，两者并不矛盾，只有做到这一点，微会员的发展才会有意义。

五、案例解析

以华住酒店为例，其入驻微信公众平台相对较早，而且在业内做得有声有色。其采取的方式是向各个分店注册账号，向关注酒店的粉丝发送电子优惠券。通过微信营销等方式，客房入住率为 91.3%，会员超 1100 万。华住有几十万微信粉丝，激活会员超过 20 万，平均每天有 638 间 / 夜预订，会员来源 67% 靠“附近的人”功能，门店扫码只占 16.7%。微信会员占总会员数 4.7%，微信预订占总预订量 5.3‰。

》汽车4S店微信营销策略

4S 店是一种以“四位一体”为核心的汽车特许经营模式，包括整车销售、零配件、售后服务、信息反馈等。它拥有统一的外观形象，统一的标识，统一的管理标准，只经营单一的品牌的特点。汽车 4S 店行业应该是相对其他行业较早切入到移动端的，尤其是微信公众号的应用，从 2013 年开始，各大品牌的 4S 店微信公众号如雨后春笋般出现。大家可以发现，基本上微信公众号目前已经成了 4S 店除网销平台外的标准配置了，可见，4S 店都越来越清醒地认识到微信用户基数的庞大。那么汽车 4S 店微信营销能为用户带来怎样的价值呢？汽车 4S 店的微信营销应该怎样有效展开呢？

一、微信营销为用户带来的价值体现

（1）提醒车主什么时间处理什么事，包括违章提醒、年检提醒、续保提醒、驾驶证到期提醒等。

（2）用户需要帮助的时候，通过微信公众号可以迅速得到帮助。

（3）养修预约。车主可随时预约养修时间，且不需要 4S 店工作人员的参与。

对 4S 店而言，办事的效率和速度都提高了，管理流程逐步规范，良好的客户体验和超预期的客户服务有效地帮助 4S 店提升了客户忠诚度，从而达到双赢的结果。

二、汽车 4S 店的微信营销策略

1. 汽车 4S 店微信公众号的定位

首先 4S 店要有一个非常清晰的品牌战略，明确 4S 店微信公众号要代表一个什么样的消费者利益和价值，根据这个价值定位和消费者的市场定位来决定向消费者传播什么内容的信息，再根据消费者接受信息的习惯和关注点，以及不同年龄段的兴趣点，来设计信息的表现形式，决定信息的传播方式。

画龙点睛

★☆★★☆★

汽车 4S 店微信公众号要利用新媒体的私密性和速度性等特点进行营销，如果营销内容本身很有热点和主题，可以在不同的人群之间迅速扩散和传播，引起大家充分的关注。这是非常明显的优势，而且成本比较低，在消费者之间的传递，并不需要很高的成本。所以，由于可信度比较高，成本比较低，速度比较快，优势也比较明显。

2. 注重公众号内容的丰富度与营养度

如果还只是每天重复地向顾客推送一些毫无营养价值的信息，总有一天顾客会毫不留意地取消对该公众号的关注。

所以，在微信日常推送的内容上，必须坚持丰富与营养两个方面。即推送的资讯是顾客想看的，喜欢看的，而且看完会分享到朋友圈的。

3. 汽车 4S 店微信公众号的推广

获取渠道：进店看车顾客、在店等候修车的顾客、老顾客转介绍、朋友介绍、扫街陌拜等（前期数量大于质量，首先要明白微信是传播的工具，每个人都有传播的价值）。关注方式：扫描二维码，请顾客关注本店微信号（强烈建议 4S 店注册服务号，便于后期功能开发）。

只有在得到用户关注后，企业才可以进行信息推送，主动权在用户手上。所以 4S 店要通过网上宣传、门店展架以及发布优惠信息顺带宣传等方式展示该账号二维码，吸引更多的客户关注。同时要加强与各地方的车友会沟通，让微信作为车友会主要的沟通工具。这也意味着，各地车友会的组织和推动对车企传播有很大的好处。

4. 公众账号的维护和服务

4S 店公众账号必须指定市场部专人维护，微信服务号每月有几次推送内容的机会，可以每周五定期推送一次“进店有礼”活动，把礼品、饮品、茶点、活动介绍、往期内容等拍成图片发送给顾客（一图抵千文），请顾客回复确认报名，邀请周六、周日进店。

5. 信息发送时注重话题的设计和选择

通过公众平台，汽车 4S 店可以实现用户分组及地域控制在内的消息推送。但是，我们知道不同的消费者对购车的要求也不同，所以汽车 4S 店要注重话题的设计和选择。例如，一个消费者关注了一家汽车 4S 店的微信，并且准备购车，而他的预算是 15 万左右，作为汽车 4S 店来说这时就要搞清楚，这个车主是为了家人还是为了结婚，还是其他什么原因而买车。如果是为了家人而购车，话题的设计上就要突出车的空间优越性，如果是为了结婚而买车，话题的设计上就要突出浪漫，比如购车送马尔代夫旅行。

三、案例解析

以沃德鑫微企公众服务平台为例，它为雪佛兰搭建公众号服务，其CRM 服务主要有：

在售车型展示，保养预约，试驾预约，故障救援，到店线路导航，客服电话，在线客服，优惠促销，保养提醒，年检提醒，续保提醒，微信会员卡。

通过搭建的公众号服务，4S 店在与顾客接触过程中，借助微信公众号更多地创造了与顾客互动接触的机会，在这些接触过程中，4S 店通过微信会员卡和预约记录下和顾客互动的过程，比如，车主的维修保养记录、年检、驾驶证、行驶证、保险等信息，通过比竞争对手更深刻地了解顾客，在必要的时候为顾客及其车辆提供更个性化的服务，顾客也更愿意为这种智能服务埋单。

》 教育培训行业的微信营销

教育培训行业的营销模式一般分为两种，线上和线下。线上主要是有网站搜索引擎、网站推广、QQ 群、微博广告等。而线下则包括一些电视广告、报纸杂志、宣传单、户外广告等。这种情况下，大多数教育培训行业是有钱的烧钱，没钱的贴“牛皮癣”广告。如此一来，教育培训行业不但鱼龙混杂，广告五花八门，消费者很难从中一探究竟。因此效果并不会太好。

而微信营销则不同。在微信中，用户只要关注了教育培训的微信号，就能收到一些关于培训的信息，而且用户还可以与教育机构进行一对一私密性的互动联系，在询问价格、时间上也就更为自由灵活。而且教育培训企业也可以在微信上直接罗列出粉丝们所关注的问题，通过微导航来为用户解决问题。可以说，在微信上做教育培训营销更为便捷。

一、教育行业做微信营销的优势

1. 咨询方便

对于教育机构来说，能够获得和学生或家长的沟通是非常宝贵的，而微信是实现沟通机会的最好方式，尤其是现在微信的用户非常普及，大家都喜欢用微信进行交流，成本最低而且方便。

2. 宣传效果更好

和传统的宣传方式相比，潜在用户即使拿到了传单也不一定成为真正的客户，传单一丢联系方式就没有了。而微信不同，只要是潜在客户，只要是拿到了传单，扫下二维码就可以了，对教育机构的开课信息、教学质量等会有更深的认知，这样就极有可能成为真正的客户。

3. 能够和家长及时沟通交流

培训机构通过微信营销可以及时与家长联系沟通，随时将孩子的学习情况反馈给家长，可以通过微信把作业、学习内容等传达给家长，方便家长对孩子进行监督，了解孩子的学习情况。

4. 优惠政策

培训机构可以采取一些优惠措施，并及时在微信上发布，这样不但能有效吸引学生，还可以促成“客户推荐优惠”，从而产生滚动的推广作用，吸引更多的粉丝，朋友圈越来越大。

二、教育培训行业微信营销的误区

误区一：微信营销需要额外增加大量投入，建立新的销售渠道和营销方法。这个误解来自于传统的线下推广遇到了互联网大潮时，教培机构铺设互联网营销通路的过程。在这个过程里，众机构忙着建立网站，互联网营销团队，搜索引擎投放，耗费了大量的资本，并且依然在社会化网络营销中不知所措。与传统互联网营销不同的是，企业的微信营销并不是一个额外花钱建立渠道的工作，而是搭载现有渠道，大幅度提高转化率的工作。如果运营得好，微信的强大关系网会快速增加这种传播作用。

误区二：把微信当作推送的通路，每天不厌其烦地推送内容，造成了用户的反感。当腾讯官方限制推送数量的信息传来后，又很沮丧地表示“微信营销没法做了”。

误区三：微信营销就是增粉。微信增粉恰恰是营销环节中最简单的事情，只要搭载传统的营销渠道，再对用户加以激励，增粉是自然而然的事情。微信营销的关键，在于增粉后如何运营，如何进行销售转化，如何在服务用户后激发用户的自传播。我们看到很多知名机构，因为其品牌吸引了不少粉丝，但因为微信运营的问题毫无销售转化和口碑传播，这就是这个观念带来的直接后果。

误区四：拥有了公众号，但并未设置内容。用户关注公众号后，看到的是一片空白或几个菜单，用户不会对此产生沟通兴趣，甚至用户都不会知道“这里是能说话的”。

教育行业的微信营销与其他行业的营销同理，不必贪求粉丝数、转发数、推送数，因为这些都是虚的。微信的特点在于“粉丝的真需求，与粉丝的沟通零距离，丰富地展示自己的服务”，只要吸引一位新粉丝，把新粉丝服务好，近则是一个订单，远则是一个实实在在的口碑了。

三、教育培训机构微信营销策略

（1）教育培训机构的授课地点是与用户强相关的。于是，微信的“附近的人”的功能可以起到很大作用。设想，教育培训机构的市场人员在中小学门口，使用“附近的人”的功能搜索附近的家长；或者古筝、钢琴的教育培训机构在自己办公室里查找附近的潜在客户，把他们吸引到自己的公众号里来。

（2）对已有客户，在开课时让客户扫描机构的微信公众号，由此不仅增加了机构与学生联系的纽带，让老客户能够随时查看机构的课程、与客服发生联系。通过这种方法提高用户的满意度，对用户的二次付费决策提供辅助。

（3）通过微信公众号获得优惠，这是最常见、最有效的方法，但这一功能是很难采用传统的文章推送模式解决的。如果教育培训机构的微信门户上提供这样的功能，不但可以直接吸引学生报名，而且还可以促成“推荐优惠”，从而产生自滚动的推广效应，推动客户在自己的微信群里横向传播，以及分享在自己的朋友圈里。

（4）宣传彩页可以更简单，更直指核心，不必让宣传彩页的有限空间附加太多的信息，做微信营销只要提供二维码和简单的广告语就可以了。这种内容的宣传彩页，不论是在户外、信箱还是学校渠道投放，也许更为直接有效。

以上只是提供一些简单的方式，在具体的执行过程中会有更多的精彩策划。这其中的关键在于良好的公众号内容和互动性服务。公众号为教育机构的营销推广手段提供了更多的可能，从而使得教育培训机构拓展了移动互联网这一新兴的营销方式。众所周知，微信不是万能的，所以不要指望微信公众号能带来爆发式的业务增长。但仅对于旧的营销方式而言，微信公众号营销的意义已经足够诱人。

四、案例解析

以中国教育培训联盟为例，用户可以在微信上通过与该企业的互动来索取一些教育培训的信息。点开内容导航，你会发现更多的精彩。而且在微信上，有些用户甚至还可以得到一些报名优惠政策。这样一来，企业不但得到了粉丝的关注，还能从中获得实际的订单，同时对那些有需求的用户来说，这也是一种很好的体验和帮助。

画龙点睛

★☆★★☆★

由于行业特征的原因，微信功能赋予教育机构的玩法可能会更多；同样，由于微信门户内容丰富，使得市场人员在传达广告信息时可以更为简单。对于绝大多数教育机构而言，移动互联网的宣传是短板，即便公布了自己的二维码，也很难对受众说清"扫描我们的二维码后能做什么"。有了微信门户，教育机构可以把这个问题说清，在此基础上可以灵活拓展更多的营销办法。

制造业、加工生产企业的微信营销

互联网正不断地改变制造业的营销现状，现今，制造企业陷入找客户难、沟通难、成单更难的窘境，客户寻找供应商、产品、技术等信息，越来越依靠网络。"两会"提出的"互联网 +"，表明制造业互联网化是必然趋势，做好网络营销也势在必行。在电子商务大潮中，开拓微信渠道，探究制造业如何做好微信营销非常必要。

一、制造业、加工生产企业在网络营销方面存在的问题

从制造业企业自身角度来看，存在的主要问题表现在以下几个方面：

（1）网络营销的精准度不高，缺乏目的性；

（2）考虑问题过于简单，网络营销前台系统建设存在缺陷；

（3）缺少理念，网络营销缺乏后台信息系统支撑，造成客户流失；

（4）网络分销渠道与传统分销渠道缺乏整合；

（5）网络营销与企业管理变革脱节。

这就造成了制造行业在网络营销上的力不从心。百度、阿里巴巴等虽然都有一定的作用，但是要么成本较高，要么真正产生的效果确实微

乎其微。

画龙点睛

★☆★★☆★

微信营销解决了制造业在网络时代面临的种种挑战。首先微信营销强调用户体验，营销的核心是让用户产生依赖，企业本身提供最好的服务即可。制造业正好符合其中的营销玄机。

二、制造业、加工生产企业微信营销策略

（1）先从微信营销开始。销售经理先运用多种网络营销手段开展推广，比如，博客营销、微博营销、百度知道、软文营销、文库营销等，将网络营销导引到具体的电话销售或者顾问式销售，同时测试不同网络渠道的营销效果，积累经验，明晰侧重点。

（2）线上营销必须和线下销售紧密配合。B2B 的工业品因本身采购的复杂性，同时具有专业的要求，也要区分线上和线下的角色分工，如在线上基础上，线下设计“样板客户参观走访”、“销售顾问上门拜访”、“24 小时专家热线”等活动，可以促进产品销售。

（3）建立销售型页面或网店。经过网络销售渠道测试后，该企业可以在自己的官网建立销售型界面，或利用第三方电商平台建立网店，借由微信营销手段把流量导引到该界面。销售型界面要明确四个主题：我是谁；我有哪些产品，这些产品具备何种独特价值；哪些人是我的客户，他们对我们的产品评价如何；现在和我们联系或者购买我们的产品有什么好处。这样能够以最低成本试水电商。

（4）充分利用移动互联网工具，建立专业的微信公众账号，发布相关专业常识，及时与客户进行互动、解答疑惑、排查使用过程中的问题，做好售后服务工作。

总之，微信公共账号不仅可以滚动式积累用户数量，还能精准锁定客

户群，提供个性化且有针对性的一对一服务。配合微博、QQ 等工具形成一个立体化的沟通体系，既便于潜在客户了解产品或品牌营销，又便于老客户与企业专业人士进行沟通。

三、应用微信营销时的注意事项

对于制造业而言，不需要杂七杂八的粉丝，只需要和本企业有关的“朋友”即可。企业只要拿出很少的精力向有关的“朋友”展示自己的实力，然后用功能提升他们的体验，与之充分互动从而使他们对企业产生依赖，再进一步升华依赖，而企业本身绝大部分的精力还是要用在生产上。

第十章 “微”处见真

——微信营销经典案例分析

微信营销经典案例分析之1号店

一、了解 1 号店

1 号店是国内首家网上超市，由世界 500 强 Dell 前高管于刚和刘峻岭联合在上海张江高科园区创立。

2008 年 7 月，1 号店网站正式上线。成立以来，1 号店持续保持高速的增长势头，2013 年实现了 115.4 亿元的销售业绩。1 号店已成为国内最大的 B2C 食品电商。

二、1 号店微信营销的游戏式推广

1 号店在微信当中推出了“你画我猜”活动，活动方式是用户通过关注 1 号店的微信账号，每天 1 号店都会推送一张图片给订阅用户，然后，用户会发答案来参与到这个游戏当中来。如果猜中图片答案并且在所规定的名额范围内就可以获得奖品。

其实“你画我猜”的这个游戏是来自于一款叫 DrawSomething 的软件，而 1 号店首次把游戏跟微信公众平台结合到一起，并将其运用到微信的公众推广中，继而在锁定用户的同时，也加强了跟用户的互动与激发用户在公众平台的活跃程度，进而达到了营销的目的。

而目前许多人做营销都是一味发送纯营销信息给客户，这样客户一般

会有两种感觉，一是厌恶，二是枯燥。1号店很好地规避了这一点，也就加大了它成功的可能性。

画龙点睛

★☆★★☆★

1号店微信营销的游戏式推广之所以成功，是因为他们寻找容易引发兴趣好奇的图案组合，把推广的主题元素融入图案里，给予用户方便的购物入口，其中创意鲜明，再加上微信大号在合适的时间节点进行营销推广，取得了非常好的效果。

微信营销经典案例分析之“饿的神”快餐店

随着越来越多的行业加入微信营销队伍，餐饮行业也呈现出前所未有的网络繁荣。以“饿的神”快餐店为例，它看准了微信的LBS功能，发现这一功能不仅可以扩大人们的交际范围，还可以拓展人们的吃喝玩乐等活动，于是就利用这一功能为自己展开了宣传助销的活动，达到了非常好的效果。

不少人在临近中午的时候，尽管饥肠辘辘，却通常不知道吃什么，就在举棋不定的时候，“饿的神”快餐店就在“附近的人”中出现了，它向周围的人热情地打招呼，将自己的快餐以丰富多样的形式展示给大家，饥饿的用户在看到这些诱人的食物后，不禁被吸引。用户不但可以亲自到餐馆就餐，还可以直接通过微信语音订餐，足不出户就能享受到送餐服务。

现在越来越多的人加入了微信队伍，微信已经成为大多数人生活中必不可少的工具。从日常沟通交友的利器，到商家助销的工具，俨然地球人已无法阻止微信了。可以设想，随着微信的LBS越来越普及，商家的不断渗透，就快餐行业来说，完全有可能部分代替网上订餐、电话订餐、分发传单等传统方式，前途不可限量。

“饿的神”快餐店的这种营销方法，充分利用了“附近的人”这个功能，“附近的人”已经不是简单的交友范畴，而是被充分运用到宣传和营销领域。这种独特的“电子传单”为“饿的神”快餐店发挥了有效的宣传作用，并为它带来了丰厚利润，同时也给其他同行以启示：微信不仅是一种时尚，更是一款出色的营销工具。

画龙点睛

★☆★★☆★

微信信息传播迅速，使个人社交、企业信息推送时效性更强。微信的传播内容具有即时性的特点。用户可以通过它随时随地与人交流，传情达意。只要用户在线，就能够对信息进行快速接收和反馈，而且微信支持QQ离线消息接收，在信息传达上比较迅速，传播更具时效性。

微信营销经典案例分析之小米

一、了解小米

北京小米科技有限责任公司成立于2010年4月，是一家专注于智能产品自主研发的移动互联网公司。“为发烧而生”是小米的产品概念。小米公司首创了用互联网模式开发手机操作系统、发烧友参与开发改进的模式。

2010年4月6日，雷军选择重新创业，建立了小米公司，并于2011年8月16日正式推出小米手机。

二、小米微信营销方法及策略

小米微信营销方法及策略主要体现在以下方面：

1. 通过微博、小米官方渠道及第三方合作等多手段结合拉进微信粉丝

超过 10% 的微信粉丝来自微博导流。在小米手机微信公众号运维初期，新媒体营销团队认为微博将是核心的拉新渠道，后来大批微博粉丝成了微信粉丝。当然还有一个前提条件——小米拥有国内足以傲视群雄的微博运营团队。

再者，通过官方渠道把自有用户转化为微信粉丝。小米官网通过广告拉粉。小米官网每周有开放购买，在“点击预约”键下面有个直接的二维码广告“关注小米手机微信”，一天涨 3 万粉丝。

40% 的微信粉丝来自于第三方合作，主要是指与腾讯、微信的合作。在注册小米手机微信公众号后，他们策划了一个“小米非常 6+1 你敢挑战吗”的互动活动，使用类似趣味答题的方式，并设置了米 2 手机、f 码、小米盒子以及移动电源等奖品，鼓励用户关注小米手机公众号。结果 3 天里小米公众号收到了 400 万条消息，共有 20 多万人参与微信互动。

2. 通过相关活动进一步提高知名度

活动拉粉是一种强有力的方式，激活老用户，拉进新用户。不过，小米有不可复制的因素，就是强悍的米粉效应。也有可以复制的方法，称之为“三段击”方法：首先是“预热初推”，提前两天微博、微信来预热；然后是“当日强推”，发动一切自身可以利用的渠道；最后是“事后力推”重大活动给小米带来的粉丝数是惊人的。

3. 微信营销定位于客服，提升其 CRM 管理

据了解，小米手机的微信账号后台客服人员有 9 名，这 9 名员工最多的工作是每天回复 100 位粉丝的留言。其实小米自己开发的微信后台可以自动抓取关键词回复，但小米微信的客服人员还是会进行一对一的回复，小米也是通过这样的方式大大提升了用户的品牌忠诚度。相较于在微信上开个淘宝店，对于类似小米这样的品牌微信用户来说，做客服显然比卖掉一两部手机更让人期待。

不过，相信任何一个微信粉丝达到一定数量级的企业都会遇到很多客

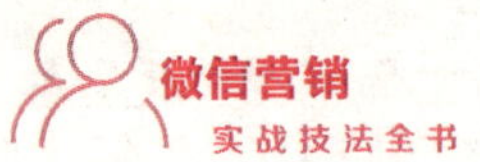

服难题：一是粉丝规模越大，掉粉率也会随之升高；二是粉丝涨到数万级别以后，客服将难以应对海量的粉丝信息，尤其是图片及语音信息。

小米公司有着自己的破解之道。例如，对于掉粉率问题，小米公司坚持认为企业在做任何微信活动之前，“一定要反复提醒自己，不能给用户带来太多干扰”。

在提升客服的能力方面，小米手机公众号不到一个月就涨到 5 万之时，小米公司负责人专程去腾讯广州研发部争取了一个接口，并做了专门的客服后台予以对接。大部分情况下，小米的微信客服后台足以支撑面向 80 万米粉的日常服务，这是仅靠人工客服所无法完成的。

当然，除了提升用户的忠诚度，微信做客服也给小米带来了实实在在的益处。微信同样使得小米的营销、CRM 成本开始降低，过去小米做活动通常会群发短信，100 万条短信发出去，就是 4 万块钱的成本，微信做客服的作用可见一斑。

4. 侧重微信粉丝数量，通过奖品大力进行微信推广

微信粉丝的互动质量很重要，但粉丝数量更重要。特别是对那些大的消费级品牌而言，如何把自己的用户转化为微信粉丝是很重要的。另外，从小米的经验来看，推广的成本不是特别高，成本主要是奖品，渠道主要都用自身的渠道。当然，相对于小米，单纯做微信的企业成本会比较高。

画龙点睛

★☆★★☆★

值得一提的是，小米从未将微信作为一个销售渠道，而是作为客服平台。这一定位与微博及论坛形成了有效的区隔。在小米公司负责人看来，小米早期是靠主抓以微博和论坛为主的新媒体营销，其中微博具有很强的媒体属性与营销扩散性，而论坛虽然“看上去很土”，但却完成了小米粉丝的沉淀，目前小米的论坛每天收到用户的反馈多达 70 万~80 万条。

微信营销经典案例分析之维也纳酒店

一、了解维也纳酒店

维也纳酒店创立于 1993 年，以“舒适典雅、顶尖美食、品质豪华、安全环保、音乐艺术、引领健康”为产品核心价值。旗下有维纳斯皇家、维也纳国际、维也纳和 3 好酒店四大品牌。截至 2014 年，维也纳酒店拥有超过 30000 间客房、拥有超过 2000 万注册会员。已开和拟开的分店网络遍布全国 80 个大中城市，在全国拥有 300 多家分店，并以每年新开 60~80 家分店的速度发展。

二、维也纳酒店微信营销方法及策略

作为酒店微信营销行业的佼佼者，维也纳酒店取得了骄人的业绩，通过微信营销，短短 3 个月的运营，日订房由以前的每日 50 房晚上升到 2 月 700 多房晚，到 3 月的 1000 间房晚，平均半个月增加 100 房晚，黏性逐步增加，绑定微信用户订房比例逐步提升。

维也纳酒店微信营销之所以取得这么好的业绩，究其原因是因为：

1. 酒店行业有刚需的大背景

网络预订酒店已经有十余年历史，属刚需，且用户群体不断扩大。在此背景下，维也纳集团 2013 年年初开通微信账号“维也纳酒店”，希望配合维也纳 APP 抢占移动端订房业务，为客人提供更好的订房体验。移动订房的目的是直接取代 PC 订房，如何让更多的人知道并关注“维也纳酒店”微信并且顺利订房是亟须解决的问题。

2. 果断升级服务号

作为全国中档连锁酒店第一品牌，维也纳酒店微信最初就看到了服务号强大的智能服务接口，并果断升级为服务号，申请并使用微信各大高级接口开发功能服务客户。

3. 精心策划的营销策略

首先，维也纳酒店预订系统的开发，与PC官网进行打通实现微信预订，通过“微信预订立减20元”差异待遇进行流量引导和转化。

其次，每日签到的闭环设计，娱乐和让利的双重驱动，让维也纳的会员留在微信平台上，并得到愉快和实惠。

微信的自助服务使维也纳订房各环节实现信息一体化和智能化，有效提高客户体验和平台消费黏性。

画龙点睛

★☆★★☆★

大型连锁酒店的服务电子化决定了维也纳酒店必须将订阅号升级为服务号，主要定位于通过技术手段为1500万维也纳会员提供微信订房服务，例如，订房、会员关系、客服、微信活动、模板消息、微信支付等服务，这就需要更多高级接口，升级服务号是必然的。

》微信营销经典案例分析之海底捞火锅

一、了解海底捞火锅

四川海底捞餐饮股份有限公司成立于1994年，是一家以经营川味火锅为主，融各地火锅特色于一体的大型直营餐饮民营企业。二十余年来，公司在北京、上海、西安、郑州、天津、南京、杭州、深圳、厦门、广州、武汉、成都、昆明等大陆的38个城市有141家直营餐厅。在中国台湾有1家直营餐厅。在国外，新加坡有3家、美国洛杉矶有1家、韩国首尔有1家和日本东京有1家直营餐厅。

二、海底捞火锅微信营销方法及策略

作为国内最具口碑的餐饮连锁服务机构，海底捞是较早试水O2O营销的餐饮连锁服务企业之一，凭借在微博、点评网站等互联网平台的口碑，海底捞迅速聚集了大量忠实粉丝。

有数据显示，海底捞的微信公众账号粉丝已有80万左右，且以日均4000人的速度快速增长。而顾客从关注海底捞微信公众号，了解信息，到订座、点餐，再到付款，甚至到餐后反馈，几乎所有通过电话沟通及线下进行的消费活动，都可以在微信公众平台上解决。

从2014年1月到3月，海底捞微信订单已经增长到31491单，占全网订单63%。微信支付订单3446笔，占全网支付比例60%，海底捞微信支付的交易占全部销售比高达17%。

海底捞火锅微信营销之所以取得这么好的业绩，究其原因是：

首先，创意活动吸引。你一关注海底捞火锅的微信，就会收到一条关于发送图片可以在海底捞门店等位区现场免费制作打印美图照片的消息，是不是瞬间就有吸引力？现在海底捞全国一百多家门店全都部署了这个服务，把它作为继免费美甲，比如，擦皮鞋等若干特色服务之后新的服务，这个活动确实对海底捞有很好的吸粉作用。

其次，自助服务全。通过微信可实现预订座位、送餐上门甚至可以去商城选购底料，你想要外卖简单输入送货信息，就可以坐等美食送到嘴边。海底捞的成功，与其说是微信的功劳，其实深究起来，微信第三方服务平台才是真正的功臣。毕竟，微信只提供一个接口，而所有“在线订餐”、“微信小游戏”、“叫外卖”等前端功能，都得益于微信第三方服务平台的开发建设。

当然，其设计的菜品图案也是看着就有食欲。加上线下优质的服务配合，同时享受“微信价”，怎能没有吸引力？

画龙点睛

★☆★★☆★

进入移动互联网时代后，提高效率、降低运营成本、维护客户、提升用户体验等成了商家急切想要改变的痛点，而微信第三方服务平台正是为了给商家创造全新的智慧商业落地方案而存在的。当下，已经有很多从线下走到线上的传统实体商家主动借力微信第三方平台，开始“躺着挣大钱”。

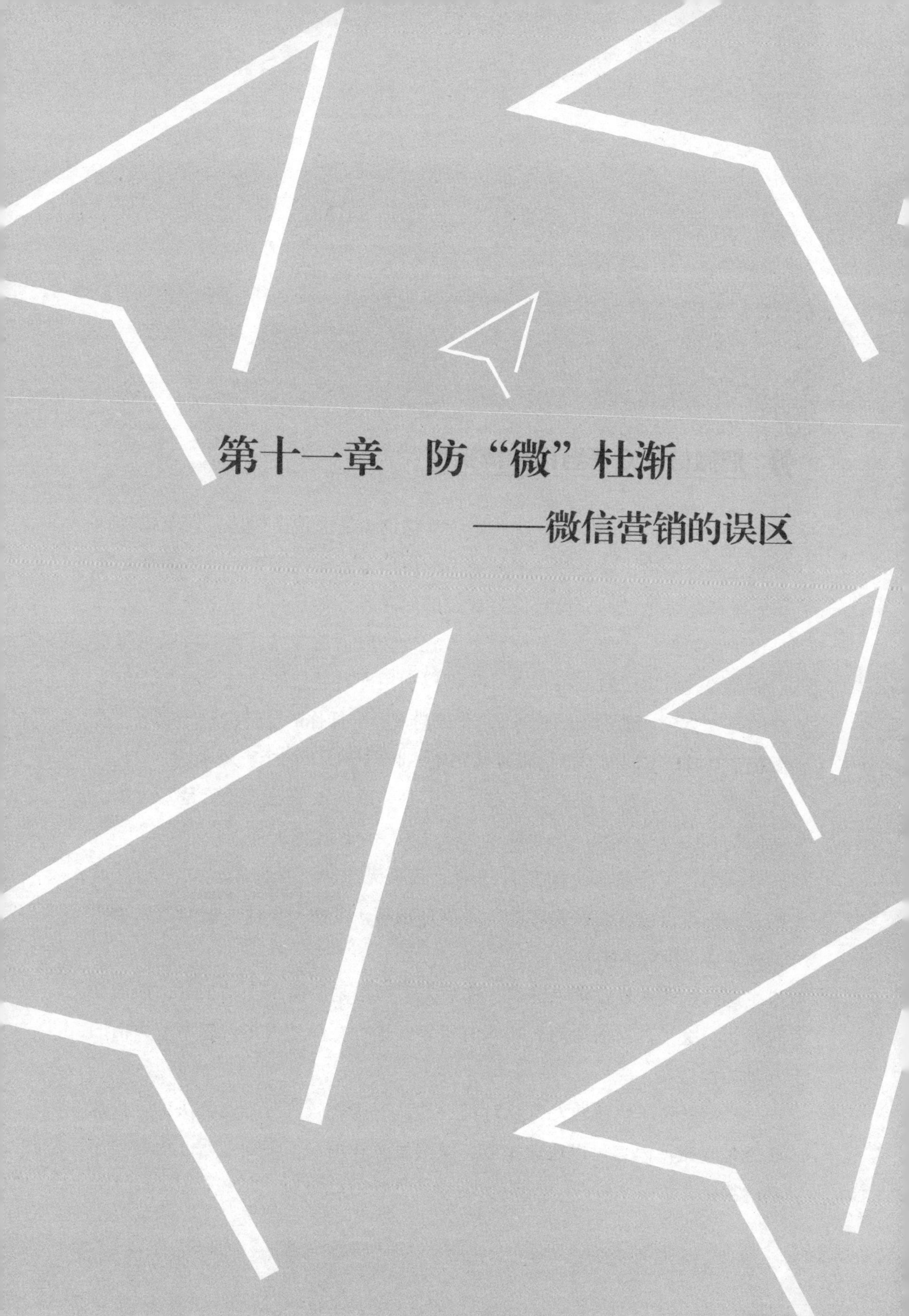

第十一章　防“微”杜渐

——微信营销的误区

》把微信公众号当作微博来用

最近微信比较火爆，有些使用者就认为微信取代了微博，甚至把公众号当作微博来用，效果却并不好。无论微信怎么横行霸道，微信始终是微信，微博始终是微博，没有谁替代谁的问题。微博只是沉淀下来了，并不是没有人用了。微信是一款强化了位置的即时通信工具，商家可以利用用户的位置搜索展示自己的存在，更可以利用即时通信的信息沟通实现与客户的高效交互！利用微信把会员简化成粉丝，降低你的会员沟通等成本。而微信和微博是不同的，微信跟微博相比，起码有以下两个重要区别：

第一，微信是“推送”消息，而不是“展现”信息。微信是发传单，微博是 LED 大电视。一个是通信工具，另一个是媒体工具。

第二，微信粉丝之间是封闭的，几乎无交集，微博粉丝之间是打通的，起码可以相互观看和评论。微信是私聊，微博是广播。微博可以利用群体造势，微信不能。

这两点区别是非常关键的，这决定了微信是传播 + 互动工具，微博是传播 + 公关工具。当然两者功能有重叠的地方，但是很多人忽略了微信的互动功能。

微博具备的快速转发以及对用户的低干扰是微信所不能解决的。快速转发使得微博内容可以快速扩散，微信虽然让用户“必须”看，但是一多必然扰民。

》粉丝多就代表客户多

粉丝数量多对于公众账号来说的确是一件好事，但是并不代表这个账号一定可以营销成功。

微信营销的核心是用户的价值。而所谓用户的价值是指有用的粉丝，互动质量比较高的粉丝。所以对于企业来说要注重粉丝的质量，忽略粉丝的数量。我们知道，不少企业为了面子去加了“僵尸粉丝”。其实对于企业来说，只有高质量的粉丝才有价值，才能真正转化为企业的利润。所以我们必须注重粉丝的质量。这就需要营销者推送广大粉丝喜闻乐见的消息，及时同粉丝互动，用创意与真诚来提高粉丝黏度，例如，打造抽奖游戏、礼品赠送等活动。一定要牢记：只有提高粉丝质量，才有机会将其中的商业价值转化为利润。

》过度依赖微信营销

现在是一个多元化的营销时代，线上营销配合线下营销，虽然微信营销正处于炙手可热的状态，但是我们必须明白：这个时代的营销手段并不止这一种，除此之外还有电话营销、视频营销等多种方法，只有将这些方法与微信营销有机组合在一起，才能扩大营销范围，有效实现营销目的。因此，不要过度依赖微信营销，要多管齐下，合理运用每种营销方法。

微信营销适合长期维持顾客的关系，第一时间可以联系到顾客；电话营销适合第一时间解答顾客的疑问，并且促使成交；视频营销适合第一时间激发潜在顾客的欲望。

所以，我们结合各营销方法的特点，配合微信营销更有效果。

》内容没有任何规划，随意乱发

既然是营销，就必须是有计划的，不管你卖什么东西。但我们看到在朋友圈乱发营销信息的很多，没有规划。很多信息忽略了市场细分，没有任何意义。以微信的投放时间为例，做产品无可厚非，发微信是需要跟你目标客户的作息时间来调整的，但是如果做的是日常用品，晚上发信息的效果就很差。而如果你做的是针对一群夜猫子的，而且该产品适合夜用。那当然可以晚上发效果最好。所以发布的时间需要根据你的目标受众的作息时间点来确定，虽然微信营销要融入生活，但随意乱发效果会大打折扣。

》不重视粉丝的质量

在微信营销中，我们经常会听到“真人粉”、“僵尸粉”这种说法，那么，什么是“真人粉”，什么是“僵尸粉”呢？“真人粉”特点：由真实的用户注册而成，活跃度高，一般来说，有基本的个人信息，拥有真实的朋友圈，真正关注某个产品。“僵尸粉”特点：虚假粉丝，多是由系统自动生成的恶意注册用户，有名无实，活跃度极差，可以花钱购买。通常表现为没有头像、没有基本信息、没有好友关注等。

围绕着微信粉丝，灰色产业链做得异常火爆，淘宝卖微信粉丝月收入过万，微信加粉软件满天飞，100 元到 10000 元的软件都有，不少做微信公众号的企业为了在短时间内拥有大量粉丝，纷纷买入加粉软件，粉丝加了不少，但是所产生的价值却不大。研究过营销的人都知道，只有目标客户对我们才有价值，成交 80% 取决于你的顾客对产品需求的强度，不是目标就不会认可产品的价值。

这就是有些微信公众账号粉丝量很高，但是营销效果并不好，而有些公众账号粉丝数量虽然不算多，却能收获良好的效益的主要原因。只有保证“真人粉”稳步、快速地增长，微信营销才有可能产生显著的效益。所以，营销者在发展微信粉丝的时候要重点关注“真人粉”，培养粉丝的忠诚度，这样才能不断提高粉丝的质量。

画龙点睛

★☆★★☆★

对微信营销的影响："真人粉"会对营销者产生直接潜在的价值，如提升产品知名度、增加产品销售额等。这种粉丝是最受营销者欢迎的。

对微信营销的影响：在微信营销初期，刷"僵尸粉"可能有利于公众账号通过微信认证。但是，"僵尸粉"不会对营销者产生任何经济价值，如果粉丝群中大部分都是"僵尸粉"，那将会影响微信营销的正常发展。

》用“机器人”回复代替人工客服

不少企业以为机器人聊天或者自动回复就是互动。其实这完全错得离谱。我们知道微信营销的一大好处就是即时互动性，商家可以跟消费者通过微信进行有效的沟通。但是，如果一直是机器人陪聊，客户就会远离你。因为你的微信丧失了人性。没有人愿意面对冷冰冰的回复。

企业应真正地认识到微信营销只是一个渠道，要从内容、细节、人性化的沟通上做好功课，才能做好微信营销与运营。

》把运营APP当作运营微信

APP 指的是智能手机的第三方应用程序。APP 通常分为个人用户 APP

与企业级 APP。个人用户 APP 是面向个人消费者的，而企业级 APP 则是面向企业用户开发的。

人们常用的 APP 不会超过 10 个。传统 APP 属于典型的被动式营销，我们知道传统的 APP 开发成本高、开发周期长，同时推广不容易。而微信端 APP 则更多的是借助微信朋友圈、线下经营门店、优惠促销活动等吸引用户扫描添加，综合推广成本更低。现在不少企业没有认清微信的价值，心想自己做个 APP 就万事大吉了，其实是大错特错。

》推送内容越多越好

有很多人在给用户推送信息的时候，会错误地认为推送的信息越多越好，这样用户就能每天都看到我的信息，不会忘记我们了，但却不去理会这样做的效果到底怎么样，有多少人会阅读。其实，这样做是绝对不行的，因为如果是用户不感兴趣的内容，而且频繁发送，用户是会反感的，从而取消对你的关注，不会产生什么好的结果。

》发消息当作作广告

很多企业把微信平台当成了单纯的信息发布渠道，微博可以天天做促销，因为它不会影响用户的生活，微信可不一样，如果方法不对，它会给用户带来干扰。有些企业天天发活动信息，开始时，大家关注是出于新鲜感，后来大家发现每天都是这些促销广告，而自己又不需要，实在忍受不了，就会取消关注。

发自己想发的而不是目标客户需要的

很多老板，特别是互联网新手，开通微信账号、个人账号后，第一件事情就是直接把自己的传统营销方式照搬到微信上来。不论是朋友圈，还是微信公众平台上面，永远都在发一些自己想发的内容：今天有什么优惠，招聘信息，店铺地址，产品信息等，基本都是一些自己想给客户的内容。换作你是客户，怎么受得了啊！是的，传播这些是我们想要的，但是地面有地面的一套，而网络上面有网络上面的一套传播方式。

成功的微信号发布内容基本都是目标用户需要的，发布的广告也都是用语音包装的软性广告。语音风格符合网络传播的特点：有趣，有用，好玩。

所以在发布内容的时候，要多考虑目标客户的感受，站在对方的角度去思考。然后满足对方的需求。客户的需求满足了，那自己的需求不也就满足了吗？

盲目跟风

微信是一个非常好的营销工具，但是利用好它的前提是要了解和熟悉这个工具。一些商家对微信并没有充分的了解，就盲目跟风操作。

很多开了实体店铺的老板，比如，化妆品店铺、小吃店、餐饮店等，基本都是看到很多人在玩微信，看到很多商家在玩微信，看到电视上面、网络上面、微博等媒体上面都在夸这个东西，然后就注册微信公众号。这些人还对微信不太了解，就做起了营销，连自己的定位都没有选好，就吸引用户订阅，每天在网上找一些自己认为好的素材，天天群发广告消息，也没有考虑和订阅用户的互动与沟通。做了一段时间，达不到预期效果，也就没心思再坚持下去了。

微信是一个非常好的工具，但是利用好这个工具的前提是要了解、熟悉这个工具。用好了这个工具，可以维护老客户，锁定老客户，带来新客户，建立自己的品牌，推动业绩的倍增，减少企业成本等。但是盲目跟风，那就是在影响自己的形象。

急于求成，认为短期就可获利

不少刚开展微信营销的企业，希望在开通公众号之后，马上获得人众的关注，获取大量的粉丝。抱着这种急功近利的心态，往往收获甚微。

在微信平台上，大部分企业的人气聚集都是一个缓慢的增长过程。这个过程可能是几个月甚至一年。只有经历过这样一段积累期，再借助一些事件营销，才能顺利完成订阅用户量的突破。这时候如果急功近利，看到订阅用户量增长缓慢，企业很有可能逐渐丧失持续营销的动力。

在互联网和移动互联网这虚拟的领域，成交的关键就是信任。解决了信任也就解决了成交。微信是一个很好的工具，公众平台的主要功能是做服务的，通过服务，可以很好地维护老客户，影响这个老客户的习惯，从而锁定老客户。

就像大家一想到快餐，马上就想到麦当劳和肯德基的汉堡薯条一样，一想到某样产品，客户就马上想到你家店铺，你的公司。一个人习惯的改变不是一两天的事情，而是一个长期的过程。一旦锁定顾客，对企业来说，就是一笔取之不尽的财富。

所以，在决定布局微信营销之前，需要好好地做一个长期的规划。

第十二章　“微”察秋毫

——微信营销效果的评估

微信营销结果八个评估要素

说到微信推行的作用评估，首先是公司断定的微信推行意图是什么，比方有些公司是用来进行 CRM 客户办理的，有的公司是进行商品推销的，有的是推行自身互联网商品的。断定推行的意图是什么，这样才能作出对公司最有利的推行评判。

微信推行的评估要素包括以下几种：

一、互动频率

微信的互动频率是指粉丝关于公司微信大众账号的运用频率，这就是为何说公司的大众渠道都是一个 APP 的缘由。这里包括内容方面的拜访，功用的运用。

二、功用受欢迎度

功能受欢迎度：包括内容功能、营销设计功能、实用功能。

内容功能就是基于粉丝需求，比如，粉丝输入“企业介绍”能看到企业的介绍，粉丝输入“资质”能看到企业相关资质的介绍，粉丝输入企业部门名称能看到这些部门名称的介绍。

营销设计功能是指企业根据自身营销需求而设计的营销功能，比如，一些外语培训学校用听力测试，滴滴打车的用户定位功能。

实用功能就是一些类似天气预报查询、股票查询等的功能。

三、粉丝数

微博推行范畴有一句话：全部以粉丝数量为目标的行动都是臭流氓。这句话在微信推行中同样适用。缘由很简单，若是单纯寻求粉丝数字就会失去微信推行的价值，粉丝数的评估要根据公司关于微信推行的需求，还有功用的运用状况、公司品牌的传达力度等进行。

四、阅读量和点赞量

粉丝数可以造假，但有些数据不易造假。不得不说，阅读量和点赞量的公开让一部分大佬们乱了手脚。这些原本私密靠的数据如此光明正大地摆在台面上。一夜之间千百万粉丝的大佬们阅读量只有几十或是几百，一些大佬们犹如被扒光了衣服让别人拿着放大镜看一样难受。腾讯的这一做法给评判提升了一个档位。

五、企业转换率

企业转换率是企业进行营销活动成功与否的重要评价标准，企业转换率方面包括：企业品牌知晓度转换、访问量的转换、企业产品销售情况转换、企业产品咨询量转换等。企业对于微信营销的转换率取决于企业微信公众平台的粉丝依赖度和粉丝的数量。

六、内容质量

曾经有营销专家表示，内容为王的时代是永恒不变的，无论媒介承载形式如何变化，原创内容才是首要闪光点。在自媒体时代，一个大V的诞生一定伴随着其原创内容的不断进化，无论是草根还是企业明星，对于内容的创造及推广能力都得心应手。而转发量就是说明其内容阅读量的一个属性，但同时并不是有深度的文章阅读量一定大于没有深度的文章，这就是我们所谓的“肤浅”快餐文字，也是目前大众的阅读习惯。

七、粉丝评价

粉丝评价是企业微信营销成功与否的最直观表现。企业微信公众平台上的内容和功能，粉丝是如何评价的，是不是让他们信赖，是不是让他们大部分人都喜欢，看一下粉丝的评价以及时不时进行粉丝调研就可以知道。粉丝评价取决于企业微信公众平台功能受欢迎度与企业服务。

八、粉丝的质量

无论是微博还是微信，大咖的意见领袖地位永远保持不变，哪怕是在阅读量公开下，他们依然有一批忠实的粉丝围绕，虽说业绩没有想象中的强大，但从活跃度来看还是有油水可刮的。所以与大咖们的互动依然可以提高阅读量。如果你与一个大咖是互粉的关系，那么你就会多一批粉丝，当然，找到你所属的行业内的成功人士才可达到事半功倍的效果，如企业CEO、资深媒体人、投资人、创业者等。

画龙点睛

★☆★★☆★

从某种意义上来说，转发的数量和粉丝量有相同的作用，微信的后台操作可以看清楚每篇文章的转发状况，从而有利于营销者鉴定其文章的覆盖率及传化率。但据不完全统计，除去特定环境外，现在大部分订阅号的转发率基本上保持在7%左右，这仅是常规数据。因此，在考核中对于转发量的要求也非硬性要求，当然这些只是在私底下产生的数据，不放在台面上的事也无法确切作出判断。

微信营销的KPI考核标准

一、了解 KPI 指标

关键绩效指标（KPI：Key Performance Indicator）是通过对组织内部流程的输入端、输出端的关键参数进行设置、取样、计算、分析，衡量流程绩效的一种目标式量化管理指标，是把企业的战略目标分解为可操作的工作目标的工具，是企业绩效管理的基础。

画龙点睛

★☆★★☆★

KPI 可以使部门主管明确部门的主要责任，并以此为基础，明确部门人员的业绩衡量指标。建立明确的切实可行的 KPI 体系，是做好绩效管理的关键。关键绩效指标是用于衡量工作人员工作绩效表现的量化指标，是绩效计划的重要组成部分。

二、微信营销的 KPI 考核标准

微信营销的结果无法直接用确定的数字来计算一个人的工作成果，所以就必须有一个核算的 KPI 标准。那么我们应该怎么做呢？微信营销一定要本着互动、服务、为客户创造价值的原则来进行。因此，我们要根据这个原则来设定考评公众账号运营的 KPI，从而观察和分析营销的效果。

1. 粉丝数

粉丝数（累积关注人数）= 原有关注人数 + 净加关注人数（= 新关注人数 – 取消关注人数）粉丝数是第一指标，这决定了传播的直接效果，粉丝数越多，消息到达数会越高，受众人群就越广，但是必须获取精准粉丝。

2. 打开率

就是用户在接收到微信公众号推送的信息后，打开来看的比例。通过此指标可以推断出，运营者的推送时间是否正确，有无做过对用户的可接受的接收信息时间的调查并作调整。

打开率达到 80% 才算合格。因为这可以推断出，运营者的推送时间是否正确，有无做过对用户的可接受的接收信息时间的调查并作调整。不同消费频次、不同属性产品的微信用户活跃度是不一样的，这需要在公众号有一定量的订阅用户后，要对用户的可接受信息推送时间做仔细调查，并根据这个结果来选择最多用户选择的时段推送。一般来说，用户会打开微信内容的时间是非工作时段的碎片化时间，用户的最高活跃时段是早上上班前和晚上下班饭后。

3. 有效到达率

有效到达率就是用户接收到你推送的信息并收到提醒。有效达到率达到 90% 是合格。影响到达率有以下三个因素。一是用户选择拒绝接收公众号的信息。二是手机牌子太多，系统版本太多。三是微信用户的活跃度。上述三个因素都是影响信息有效到达率的变量。是否达到 90%，可以倒推出，微信运营人员是否有在微信以外的推广中提醒用户别选择关闭接收信息，在用户初次关注后是否有提醒用户记得经常登录微信并切勿关闭接收信息，以此也可以推断出，运营人员是否足够了解微信的现状。只有足够了解微信的现状，才能有效地利用好微信。

4. 传播率

理论上微信传播的到达率为 100%，但是，要实现传播效果的放大，需要打破第一个闭环，通过定位精准的内容诱发爆发性传播，发生不亚于微博的开放传播。但这一点极难实现，所以微信的传播率更难实现，而一旦实现，回报便会呈指数级增长。

5. 阅读率

就是指用户在接收到信息后，点击进去阅读图文信息的比例。在阅读率上，50% 可以算合格了。决定用户会否阅读信息的因素有标题、头条配图和概要。在内容运营上，我们要求标题在 14 个字以内，概要在 80 个字以内为宜，配图要紧扣主题，与概要相得益彰，唯其如此，才能吸引用户点击进去阅读。

6. 流失率

微信公众账号不能主动添加好友，而公众账号的好友却可以随时取消关注，这种掉粉的状况就是流失率。营销理论认为吸引 1 个新客户的成本是留住 1 个老客户的 15 倍。精准客户流失 1 个都是极大损失，所以考评微信运营的重要指标是看流失率，绝不能因为好友增长大于流失而忽略对流失好友的关注。

7. 用户活动参与率

用户活动参与率 20% 才算合格。例如，公众号现在有 10000 个订阅用户，那策划的活动有 2000 个以上用户参与才算合格。从这个指标可以看出，活动策划的内容是否对用户具有吸引力。怎么统计呢？可以在活动规则上设置，参与活动的规则是发送“活动”，在实时消息里搜索“活动”的结果数量就是用户的参与数量，偏差很低。这也可以间接判断出，代运营公司和运营人员是不是给公众号灌了“僵尸粉”。

8. 用户复合增长率

活动期间用户复合增长率 10% 算合格。在用户基数比较小的时候，公众号的用户是来自微信以外的综合推广手段的，例如，微博、自有官网、QQ 空间、腾讯微博、百度贴吧、新浪微群、豆瓣、人人网、本地论坛、垂直论坛、微信导航。这是用来判断运营人员推广微信号是否有效，并引导用户关注微信的。在有一定用户数量，又有图文消息推送时，可以通过这个指标来看出推送的内容是否真正让用户喜欢并积极分享到朋友圈。

9. 转化率

从在线的关注到线下的消费，或是从线上的关注到线上的消费，每一次好友到客户的转化，以及好友转化的比例，都是最终考评营销效果的关键。这是营销的终极目的，必须关注。

10. 链接点击率

链接点击率 30% 以上为合格。链接点击率也是用来考核内容运营能力和用户把握能力的。对企业品牌公众号来说，正文内容 300~500 个字为宜，不能太长。用户为什么要在阅读后还要点击阅读原文进去看？这就看正文给用户什么样的价值承诺和点击引导。公众号的底部可以添加网址链接，给对应网站带去点击流量。

11. 好评率、分享率、反馈率等

这几个指标也可以作为参照，针对公众账号实际营销行业、内容的区别，选择适合的 KPI 指标，用以评估营销行为是否有效。

微信营销的KPI的计算方法

下面是微信营销的相关指数的计算方法，“=”是“取决于”的意思，“*”是“关联”的意思。

一、粉丝依赖度 = 功能受欢迎度 * 互动频率及粉丝评价

企业粉丝依赖度取决于企业微信公众平台的功能受欢迎度、粉丝互动频率及粉丝评价的关联情况。

二、互动频率 = 粉丝数 * 功能受欢迎度

企业微信公众平台的互动频率取决于企业微信公众平台的粉丝数和功能受欢迎度之间的关联情况。

三、功能受欢迎度 = 粉丝数 * 粉丝评价

企业微信公众平台的功能受欢迎度取决于企业微信公众平台的粉丝数和粉丝评价之间的关联情况。

四、粉丝数 = 粉丝评价 * 功能受欢迎度 * 推广力度

企业微信公众平台的粉丝数取决于企业微信公众平台的粉丝评价、功能受欢迎程度及企业对于微信公众平台的推广力度之间的关联情况。

五、评价 = 功能受欢迎度 * 企业自身的服务

企业微信公众平台的粉丝评价取决于企业微信公众平台的功能受欢迎度及企业自身服务之间的关联情况。

六、企业转换率 = 粉丝依赖度 * 粉丝数

企业对于微信营销的转换率取决于企业微信公众平台的粉丝依赖度和粉丝数之间的关联情况。

》巧用微信数据统计

一、微信公众平台数据统计功能的分类及应用

微信公众平台新增了数据统计功能，具体分类及内容如下：

1. 用户管理分析

查看任意时间段内用户数的增长、取消关注和用户属性等统计。

2. 群发图文消息分析

查看任意时间段内图文消息群发效果的统计，包括送达人数，阅读人数和转发人数等分析。

3. 用户消息分析

查看针对用户发送的消息的统计，包括消息发送人数、次数等分析。

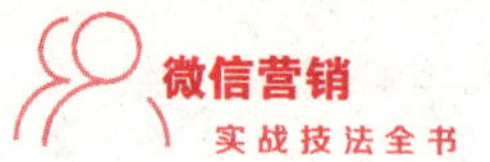

4. 接口调用分析

成为开发者的公众号，可以查看接口调用的相关统计。

二、微信数据统计应用

微信公众平台的数据统计功能包括用户分析、图文分析、消息分析和开发支持四个模块，这让企业可以轻松掌握微信的实际运营情况，并可以监控微信运营效果，可谓一举两得。

1. 用户分析

企业管理者可以在这个模块了解到账号的用户增长情况及用户属性。用户增长关键指标包括新增人数、取消关注人数、净增人数、累计关注人数等，以相应的曲线图和数据表来显示数量发展趋势。在用户属性中，可以看到用户的性别、语言、省份分布数量以及各自所占的比例。

2. 图文分析

图文分析包括图文群发和图文统计两部分。在这里管理者可以看到图文消息中的每篇文章有多少用户接收、图文页阅读数量、原文页阅读次数量以及文章的分享转发人数和次数等。此外，后台也提供了按照图文页阅读人数、分享转发人数进行排序的功能，相应的时间段内，哪些文章最受欢迎一目了然。

3. 消息分析

这里主要是查看用户向公众账号发送的消息数统计，可以帮助管理者了解读者与账号的互动情况。

4.、开发支持

使用开发模式的管理者可以在此查看接口调用的相关统计，比如，调用次数、失败率和平均耗时等。

附录　微信公众平台运营规范

2014年4月4日，微信团队在微信系统公告中发布了一则公告，发布微信公众平台运营规范，在这个规范中比较明确地指出了一些行为是被官方禁止的，这些行为包括使用外挂行为、刷粉行为、诱导分享行为和恶意篡改功能行为。

微信公众平台运营规范如下：

一、原则

我们一直致力于为用户提供绿色、健康的生态环境，努力打造一个企业、机构与个人用户之间交流和服务的优质平台，给予用户更多的选择和便利，进一步降低沟通和交易成本并创造更多的社会价值。

为了更好地实现这一目标，我们确定以下平台运营的基本原则，不仅作为平台使用者一切权责的基础，更期待您与我们携手共同维护平台运营秩序，规范自律，互融共进。

1. 建立良好的用户体验

1.1 开发运营含有丰富交流与互动元素的微信公众账号；

1.2 为用户提供更多的选择（内容多样）和控制；

1.3 提供具有价值的、持续性的并与该账号高度相关的内容。

2. 要值得信赖

2.1 充分尊重用户并理解用户；

2.2 遵守国家相关法律法规，不从事违法或违反《微信公众平台服务协议》及相关规则的内容和行为；

2.3 不发送垃圾信息并不存在过度营销行为，鼓励向用户传送符合需求的真实资讯。

二、相关条款

使用微信公众平台的服务，微信公众账号运营者必须阅读并遵守《微信公众平台服务协议》，以及《腾讯服务协议》《腾讯微信软件许可及服务协议》以及腾讯为此制定的专项规则等。本运营规范是在上述协议及规则基础上进行解释和说明，相关内容和举例旨在帮助微信公众账号运营者更加清晰地理解和遵守相关协议和规则，以便能够更加顺利地在微信公众平台进行运营，而不是修改或变更上述协议及规则中的任何条款。

三、运营规范

公众平台的良好可持续发展有赖于微信公众账号运营者及广大公众账号用户的共同努力与支持，以下运营规范的内容有助于运营者更加清晰地了解公众平台的运营规则，期望我们一起创建并维护运营者、用户、平台等各方共赢有利的生态体系。

1. 注册规范

1.1 绑定的邮箱地址要求真实存在，通过该邮箱激活账号。

1.2 填写运营者的手机号码并按要求成功完成验证。

1.3 填写真实可信的身份资料（姓名、身份证号码、固定电话号码、单位名称、职务等信息）。

1.4 上传真实有效并清晰可见的证件（身份证、营业执照、组织机构代码证）照片或扫描件。

1.5 上传真实有效的授权书（加盖公章）。

1.6 一个身份证可注册两个微信公众账号，一个手机号码可验证两个微信公众账号。

1.7 注册时可选择成为订阅号或服务号，但选择后将不可更改。

1.8 账号名称应当与功能介绍的内容相符。

1.9 账号名称、头像、功能介绍等资料涉及色情、暴力等违法违规内容的，将不能注册。

1.10 账号名称、头像、功能介绍等资料涉及侵害他人名誉权、肖像权、知识产权、商业秘密等合法权利的，将不能注册。

1.11 与微信公众平台已有的微信公众账号名称重复较多的账号（涉嫌侵权），可能会无法注册。

1.12在微信公众平台批量注册大量相似微信公众账号的行为将会被禁止。

1.13 中文版本的运营地区必须在大陆，海外版的运营地区必须在大陆以外。

2. 认证规范

需遵守《微信公众平台认证服务协议》及相关认证规则。

3. 微信公众账号行为规范

以下行为严重违规并影响用户体验，还可能给其他运营者、用户及平台带来损害，一经发现将根据违规程度对该公众账号采取相应的处理措施。

3.1 使用外挂行为：未经腾讯书面许可使用插件、外挂或其他第三方工具、服务接入本服务和相关系统。例如，利用任何第三方工具或其他方式规避群发限制策略，包括但不限于用公众平台的单发功能来实现群发功能，意图规避公众平台对于群发次数的限制等。

3.2 刷粉行为：

3.2.1 未经腾讯书面许可利用其他微信公众账号、微信账号和任何功能或第三方运营平台进行推广或互相推广的，包括但不限于：僵尸粉刷粉、公众账号互相推广、普通微信账号通过微信普通消息、“附近的人”打招呼、“漂流瓶”、“摇一摇”等任何形式推广公众账号，以及利用第三方平台进行互推等。

3.2.2 我们定义的推广形式，包括但不限于：通过链接，头像，二维码，纯文字等各种形式完成的推广行为。

3.2.3 制作、发布与以上行为相关的方法、工具，或对此类方法、工具进行运营或传播，无论这些行为是否出于商业目的，使用者账号都将被处理。

3.3 诱导分享行为：以奖励或其他方式，强制或诱导用户将消息分享至朋友圈的行为。奖励的方式包括但不限于：实物奖品、虚拟奖品（积分、信息）等。

3.4 恶意篡改功能行为：有目的性地对公众平台的功能或文字进行篡改，违反公众平台功能的原本用途或意义。

例如，在原本显示作者名称（即微信公众帐号名称）的位置篡改文字显示。

4. 微信公众账号发送内容规范

微信公众账号的发送内容需要遵守《微信公众平台服务协议》、相关法律法规的规定。用户发送内容如涉及违反相关规定，一经发现将根据违规程度对公众账号采取相应的处理措施，包括但不限于：

4.1 侵权或侵犯隐私类内容：

4.1.1 主体侵权：

擅自使用他人已经登记注册的企业名称或商标，侵犯他人企业名称专用权及商标专用权。

擅自使用他人名称、头像，侵害他人名誉权、肖像权等合法权利。

此类侵权行为一经发现，将对违规公众账号予以注销处理。

4.1.2 内容侵权：

未经授权发送他人原创文章，侵犯他人知识产权。

未经授权发送他人身份证号码、照片等个人隐私资料，侵犯他人肖像权、隐私权等合法权益。

捏造事实公然丑化他人人格，或用侮辱、诽谤等方式损害他人名誉。

未经授权发送企业商业秘密，侵犯企业合法权益。

首次出现此类侵权行为将对违规内容进行删除处理，多次出现或情节严重的将对违规公众账号予以一定期限内封号处理。

4.2 广告类内容：

4.2.1 欺诈虚假广告类：以骗取钱财为目的的欺诈广告（例如，网赚、中奖类信息）；虚假夸大减肥、增高、丰胸、美白效果但明显无效的保健品、药品、食品类广告；推广销售假冒伪劣商品的广告。

4.2.2 违法广告类：包括但不限于贩卖毒品、窃听器、军火、人体器官、迷药、国家机密，信用卡套现，办证，非法刻章，性虐等。

4.2.3 广告推荐商品本身和公众账号所公示身份（包含注册及公示的主体资料及运营业务范围）无关，如账号名称为心情语录，实际售卖减肥产品等。

4.3 谣言类内容：发送不实信息，制造谣言，可能对他人、企业或其他机构造成损害的内容。

4.4 搔扰类内容：过度营销，对用户造成搔扰的内容。

4.5 其他涉及违法违规或违反相关规则的内容

5. 数据使用规范

5.1 获取或使用用户数据

5.1.1 未经用户明确同意，并向用户如实披露数据用途、使用范围等相关信息的情形下复制、存储、使用或传输用户数据。

5.1.2 要求用户共享个人信息（手机号、出生日期等）才可使用其功能，或收集用户密码或者用户个人信息（包括但不限于，手机号，身份证号，生日，住址等）。

5.1.3 向微信公众账号粉丝（该账号关注用户）或任何第三方显示用户微信号、名称、QQ、手机号、电子邮箱地址和出生日期等。

5.1.4 将用户微信号、名称、QQ、手机号、电子邮箱地址和出生日期等信息用于任何未经用户及微信公众平台授权的用途。

5.1.5 企图进行反射查找、跟踪、关联、挖掘、获取或利用用户微信号、名称、QQ、手机号、电子邮箱地址和出生日期等信息从事与微信公众账号所公示身份无关的行为。

5.2 地理位置数据使用

5.2.1 在采集、传送或使用地理位置数据之前未通知并获得用户同意的公众账号将会被拒绝。

5.2.2 使用基于地理位置的API用于车辆、飞机或其他设备的自动控制或自主控制的公众账号将会被拒绝。

5.2.3 使用基于地理位置的API用于调度、车队管理或应急服务的公众账号将会被拒绝。

5.2.4 地理位置数据只能用于公众账号提供的直接相关功能或服务，或者有授权的广告。

6. 支付规范

需遵守《微信电子商务服务协议》和《微信支付用户服务协议》。

7. 内测规范

7.1 我们新的功能与接口都将以内测的形式发布出来，欢迎微信公众账号的运营者申请内测。

7.2 我们有权根据产品运营需要制定并修改针对内测名额的限定以及内测接口的使用规则。

8. 商标与商业外观

8.1 微信公众账号必须遵守商标、版权等知识产权法律法规以及腾讯关于知识产权使用的相关规则。

8.2 非商标所有权人或未经授权使用他人商标的公众账号将会被拒绝。

8.3 使用他人商标、版权等涉及他人知识产权的内容需要在账号申请时如实说明，并根据要求提供相关权利证书或授权证明。

8.4 非腾讯官方账号，禁止在账号名称、输出内容中出现与腾讯已有知识产权内容相同（如“腾讯”、“微信”、“Tencent”、“WeChat”、“QQ”等）、相近似（例如，腾迅、tencet、wecha等）的字样，或者容易与目前已有腾讯产品设计主题、外观等相混淆的内容。

8.5 任何误导和暗示腾讯公司是该账号运营者，或者误导和暗示腾讯公司以任何形式表示认可其质量、服务或与其存在合作关系，并非腾讯公司运营的公众账号将会被拒绝。

9. 阶梯式处罚机制与举报机制

公众平台已启用用户举报处理机制，我们会根据用户的举报，视违规程度予以不同程度的处罚措施。

四、遵守当地法律监管

你在使用微信公众平台服务的过程中应当遵守当地相关的法律法规，并尊重当地的道德和风俗习惯。如果你的行为违反了当地法律法规或道德风俗，你应当为此独立承担责任。

微信公众账号用户及运营者应避免因使用本服务而使腾讯卷入政治和公共事件，否则腾讯有权暂停或终止对你的服务。

五、免责声明

微信公众账号用户及运营者明确了解并同意，关于微信公众账号服务腾讯不提供任何种类的明示或暗示担保或条件，包括但不限于商业适售性、特定用途适用性等。你对微信公众账号的使用行为必须自行承担相应风险。

六、动态文档

本运营规范为动态文档，我们有权根据相关法律法规更新或产品运营的需要对其内容进行修改并更新，你应能反复查看以便获得最新信息。

参考文献

[1] 刘畅，唐海玥等．微信营销一本通［M］．北京：电子工业出版社，2014．

[2] 易宗源．轻松玩转微信［M］．北京：清华大学出版社，2014．

[3] 欧阳敏．微信让你生活更精彩［M］．北京：北京工业大学出版社，2013．

[4] 鞠明君．微信：社会化媒体营销的革命［M］．北京：清华大学出版社，2013．

[5] 武彬．微信营销［M］．武汉：武汉大学出版社，2013．

[6] 王金泽．微信营销完全攻略［M］．北京：人民邮电出版社，2013．

[7] 王易等．微信这么玩才赚钱［M］．北京：机械工业出版社，2013．

[8] 夏雪峰．微信营销应该这样做［M］．北京：机械工业出版社，2014．

[9] 钟志勇．微信公众平台应用开发实践［M］．北京：机械工业出版社，2013．

[10] 方建华．微信营销与运营解密［M］．北京：机械工业出版社，2014．

[11] 萧秋水等．微信控控微信［M］．北京：人民邮电出版社，2013．

[12] 林大亮等．微信营销与运营攻略［M］．北京：机械工业出版社，2014．

[13] 谭运猛等．微信营销360度指南［M］．北京：机械工业出版社，2014．

[14] 陈炽等．微信营销实战宝典［M］．广州：广东经济出版社，2013．

[15] 邱道勇. 微信改变世界 [M]. 北京 : 中国财富出版社, 2013.
[16] 朱艳婷等. 微信来了 [M]. 北京 : 北京理工大学出版社, 2014.
[17] 启典文化. 轻松玩转微信实用攻略 [M]. 北京 : 中国铁道出版社, 2013.
[18] 赵黎. 玩转微信实用攻略 [M]. 北京 : 石油工业出版社, 2013.
[19] 熊涛, 张兵. 玩转微信营销实战手册 [M]. 北京 : 中国铁道出版社, 2013.
[20] 闫岩. "赢" 在微信 [M]. 北京 : 台海出版社, 2013.
[21] 寿芒利等. 玩转微信 5.0 [M]. 北京 : 人民邮电出版社, 2013.